法律诊所
之 行政诉讼篇

杨军　王保成 ◎ 著

知识产权出版社
全国百佳图书出版单位
—北京—

图书在版编目（CIP）数据

法律诊所之行政诉讼篇/杨军，王保成著. —北京：知识产权出版社，2021.12
ISBN 978-7-5130-7890-0

Ⅰ.①法… Ⅱ.①杨… ②王… Ⅲ.①行政诉讼法—案例—中国 Ⅳ.①D925.305

中国版本图书馆 CIP 数据核字（2021）第 239541 号

内容提要

本书选取了十二个行政法案例样本，这些案例内容各自完整独立，运用法律诊所常用的复盘推演分析方法，多维度剖析各个案件，从不同角度分析其中的行政法理，让抽象的法理在个案的复盘推演中变得具体生动。

本书适合法学专业的本科生、研究生，从事行政案件实务的律师和法官以及对行政法有兴趣的行政执法人员阅读、参考。

责任编辑：石红华　国晓健　　　　　责任校对：谷　洋
封面设计：邵建文　　　　　　　　　　责任印制：孙婷婷

法律诊所之行政诉讼篇

杨　军　王保成　著

出版发行：	知识产权出版社有限责任公司	网　　址：	http://www.ipph.cn
社　　址：	北京市海淀区气象路50号院	邮　　编：	100081
责编电话：	010-82000860 转 8130	责编邮箱：	shihonghua@sina.com
发行电话：	010-82000860 转 8101/8102	发行传真：	010-82000893/82005070/82000270
印　　刷：	北京虎彩文化传播有限公司	经　　销：	各大网上书店、新华书店及相关专业书店
开　　本：	787mm×1092mm　1/16	印　　张：	11.75
版　　次：	2021年12月第1版	印　　次：	2021年12月第1次印刷
字　　数：	162千字	定　　价：	68.00元

ISBN 978-7-5130-7890-0

出版权专有　侵权必究

如有印装质量问题，本社负责调换。

序 言

行政诉讼向来就有"立案难、审理难、执行难"之说。"立案难"主要是因为立案时需要审查案件是否合乎立案条件，一个案件能否立案需要考虑案件是否属于案件受理范围、起诉者是否具有原告资格、被告是否适格、诉讼请求是否具体、起诉是否在起诉期限内等因素，客观地说，相当一部分案件依法是不能立案的。实践中有部分人对"立案登记制度"存在误读，认为行政诉讼依法应该"有案必立、有诉必理"，当一些案件立不了案，便有了"立案难"这一说法。立案环节中不排除人为阻却立案的情形，但绝大部分不予立案的情形属于法律规定的应然不予立案的情形。

"执行难"的逻辑也是相对比较好把握的。行政诉讼的被告是行政主体，其中绝大部分行政主体是行政机关，人们谈及行政诉讼案件"执行难"，通常意味着行政机关已经败诉，在调解结案时，行政机关即便不是败诉至少是已经产生确定的需要履行的某种义务了。由于行政机关地位的特殊性以及行政诉讼案件的复杂性，所谓行政案件"执行难"也就不难理解了。

"立案难、执行难"是相对容易理解的，行政诉讼案件缘何会出现"审理难"呢？一种可能是主审法官存在畏难情绪，不愿意判被告败诉，毕竟行政权较行政审判权要强大得多。随着法官保障制度的逐步完善，以及行政法治的进一步规范与完善，这种情形的"审理难"会逐步得到控制与扭转。

"审理难"还存在一种同主审法官主观方面没有太大关系，或者说关联度相对较小的情形，也就是说，一部分行政案件本身就是"难的"，这些案件在诉讼中的表现形态必然是"审理难"。这种案件并不一定是法律关系复杂程度超出了法官的职业能力范围，很多时候是其中的利益关系过于复杂，案件裁判社会影响往往超出了行政诉讼要求的对案件进行合法性审查这一专业要求，这种案件的裁判对主审法官来说是一种"选择难"。

书中所选取的案件大部分都是属于"审理难"这一类型。林某国诉山东省济南市住房保障和房产管理局案中，被告的行为在程序上尽管存在一定瑕疵，但由于案涉的房屋一直处于空置状态，被告在行政程序中的瑕疵对原告的利益并不产生实际的不利影响。按照行政诉讼法的规定是应该判决驳回原告诉讼请求的。案件中原告违法事实清楚，被告对其的处理决定合乎法律规定并且有相对充分的法理依据。案件的特殊性在于原告确属重度残障人士，其对自身合法权益诉求的努力已经为社会各界所广泛关注，在这一特殊的背景下，案件裁判可能产生的社会影响已然超出了一般案件对行政行为合法性审查的要求，再审法官跳出行政诉讼合法性审查的一般要求，通过沟通协调最终让原被告双方达成了和解，妥善处理了纠纷，产生了较为积极的社会影响。

在庙某平诉南京市栖霞区房屋征收案中，原告首先提起民事诉讼，受理法院认为征收案件具有明确的行政管理目的，不属于民事纠纷范围，应属于行政争议的范畴。原告据此提起行政诉讼，行政审判主审法官认为承租人就征收补偿协议不服提起行政诉讼不符合行政诉讼法受案范围中有关行政协议的相关规定，裁定不予受理。行政庭法官的这一裁判有明确的法律规范依据，得到了南京市中院的支持。

棘手的问题产生了，民事审判庭的法官认为房屋征收补偿争议不属于民事争议，很显然，民庭法官的这一判断合乎一般行政法理；行政审判庭法官依据现行行政诉讼法裁定这一纠纷不属于行政诉讼应该受理的范围，并且这一判断得到上诉法院的认同。庙某平的诉请究竟该如何处理才能平衡各方面的诉求？最终南京市中院裁定一开始民事诉讼法官裁判错误，发回重审，最终该案被以民事案件处理。

应该说认定征收补偿协议纠纷不属于民事争议的范畴，这一判断没有错误，问题出在行政诉讼法对行政协议受案范围的不完全列举，一个协议纠纷在逻辑上首先是签订方面的争议，然后才可能存在履行、变更、不适当履行的争议。然而，行政诉讼法确实没有规定有关订立行政协议的争议属于受案范围。在后来的《最高人民法院关于审理行政协议案件若干问题的规定》中对这一规定作了扩充解释，明确了有关订立行政协议纠纷属于行政诉讼应该受理的案件。这一司法解释是最高人民法院2020年发布的，而庙某平案件的一系列开庭审理都发生在2020年之前，在相关法律规范资源相对不足的情形下，要求法官对案件做到公平公正且符合法律依据的裁判，真不是一件容易的事情。

行政案件"审理难"除了案件本身复杂性或法律规范不完善之外，还有一种情形就是原告提起行政诉讼目的的复杂性，这种诉讼目的的复杂性可能让案件裁判变得"审理难"。在养天和诉国家食品药品监督管理总局行政处罚案中，原告提起行政诉讼的目的显然不是追求通过案件实体审理来维护某一明确的法定权益。从原告一系列操作来看，原告非常清楚对规章提起行政诉讼不属于行政诉讼法规定的可以受理的范围，原告一方面依法提起行政诉讼，另一方面清晰地知道案件不会被受理，对于不予受理的裁定还是可以上诉的。原告寻求的不是法院受理案件，追求的是借助社会对"案件没有被受理后，是否会进一步上诉"这一有热度的特别关注，进而组织相关新闻发布会，并在那个热点时刻组织专家对案件进行学术研讨，通过这番操作最终达到广而告之"该案争议点"的社会效果，进而对被告产生一种"不可言说，却可感知"的社会舆论压力。《中华人民共和国行政诉讼法》第一条明确了行政诉讼的三个宗旨，一是保护公民、法人和其他组织的合法权益，二是监督行政机关依法行政，三是解决行政争议。该案完全偏离了行政诉讼的一般宗旨，提起行政诉讼的目的嬗变为原告将行政诉讼作为达到其他目的的一种工具，很显然，法官处理这样的行政案件多了一层社会舆论的压力。

行政案件"审理难"还存在这样的情形，主审案件的法官依法处理相关案件，但随着时间的推移，案件裁判的相关规定做了进一步修改，有时这种修改让法官先前案件的裁判说理完全没有了相应的法理基础，这种"打脸"式的裁判让这一类型的裁判多了不少尴尬。

在上海苏华物业管理有限公司诉上海市住房和城乡建设管理委员会物业服务资质行政许可案中，苏华物业管理公司因不具备相应的条件未能获得物业经营许可证，在一审、二审中，法官运用系统解释的方法、合目的的解释方法多方论证了被告要求原告为员工实际缴纳社保的条件合乎行政许可法的立法目的以及有利于后期的物业管理服务。这一案件在后期被最高人民法院遴选为十大经典案件。

在该案被遴选为十大经典案件后，住建部门取消了物业服务企业管理办法，明确了物业服务属于公民、法人或者其他组织能够自主决定的；属于市场竞争能够有效调节的；属于行业组织或者中介机构能够自律管理的；属于行政机关采用事后监督等其他行政管理方式能够解决的；属于行政许可法规定的可以不设行政许可的范畴。物业管理制度后续的这种调整不会推翻已经生效裁判的法律效力，但管理制度这样"拨乱反正式"翻转变化让这一案件主审法官们多了不少尴尬。物业管理制度后续的这种反转至少说明当初案件裁判的说理不完全合乎物业管理制度本身的发展方向，不完全合乎物业管理企业发展运营的自然法理。

本书案例分析的视角是多元的，有的着眼于诉讼请求方面的分析，有的着眼于法律适用方面的分析，有的着眼于法官对案件的创造性处理方面的分析，等等，每个案件都有其独特的法理和细节值得关注与研读。法理是抽象的，案例是具体的，让我们细细品味个案中的这种抽象与具体的深度融合，感受行政诉讼中行政法理的实现。

目录 Contents

| 案例 1 | 王某华诉马鞍山市雨山区公安分局行政处罚案 / 1

| 案例 2 | 北京康居认证中心诉仪征市市场监督局行政处罚案 / 18

| 案例 3 | 养天和诉国家食品药品监督管理总局行政处罚案 / 33

| 案例 4 | 上海苏华物业管理有限公司诉上海市住房和城乡
建设管理委员会物业服务资质行政许可案 / 49

| 案例 5 | 丁某诉南京市鼓楼区房屋征收办行政协议案 / 62

| 案例 6 | 林某国诉山东省济南市住房保障和房产管理局案 / 71

| 案例 7 | 王某军非法经营案 / 84

| 案例 8 | 中海建国际招标有限责任公司诉甘肃省公共资源
交易局案 / 99

| 案例 9 | 斯维尔诉江西省物价局江西省住建厅案 / 111

| 案例 10 | 庙某平诉南京市栖霞区房屋征收办案 / 125

| 案例 11 | 赵某伟诉抚顺市东洲区人民政府案 / 143

| 案例 12 | 刘某贵诉阜宁县政府、阜宁县国土局、阜宁县
住建局城建案 / 160

后　记 / 176

案例 1

王某华诉马鞍山市雨山区公安分局行政处罚案[*]

王某华和郭某霞住同一小区，王某华养了一条小型宠物犬，郭某霞养了一条体型较大的宠物犬。一日郭某霞的狗咬死了王某华的狗，王某华到当地派出所报案，派出所告知王某华可以依法起诉。

王某华咨询了律师，得知这样的侵权案件起诉比较困难。王某华心里一直比较窝火，想找到郭某霞的狗进行报复。2019年4月28日19时，王某华与黄某某（王某华的老婆）在小区发现了郭某霞正在遛狗，即刻上前理论，争执中双方发生了肢体冲突，郭某霞被打成轻微伤。

公安机关对黄某某作出了拘留5日罚款500元的行政处罚，对王某华作出了不予处罚的决定。受害人郭某霞不满对王某华不予处罚的决定，认为王某华也殴打了她，依法提起行政复议。

案发时没有目击证人，核心证据只有一段模糊不清的监控视频。一开始公安机关因为视频模糊不清，无法认定王某华有殴打郭某霞的行为，对王某华作出不予处罚的决定。被害人郭某霞坚持认定王某华打了她，在行

---

* 本文涉及案件为作者办理的真实案件，目前法院还没有按照规定上传相关文书至中国裁判文书网，在此只能提供案号：一审：马鞍山市雨山区人民法院（2020）皖0504行初25号行政判决；二审：马鞍山市中级人民法院行政裁定书（2021）皖05行终43号。

政复议中，郭某霞提出请求，要求公安机关对监控视频进行专业鉴定。

公安机关首先把监控视频资料送到省公安厅物证鉴定中心进行鉴定，省厅作出了不予受理的决定。后来公安机关先后送视频到三家专业鉴定机构进行鉴定，一家鉴定意见为王某华殴打了郭某霞；一家鉴定意见为无法认定王某华有殴打行为；第三家意见为王某华有打人动作，但无法判断王某华是否碰触到郭某霞身体。

根据上述三份鉴定意见，公安机关撤销了对王某华不予处罚的决定，对王某华作出了拘留5日并罚款500元的行政处罚。王某华不服处罚，依法提起行政复议。复议没有支持王某华的请求，王某华依法进一步提起行政诉讼。

本案案情比较简单，但涉及的行政法理值得关注与思考。

一、关于与治安案件紧密关联的民事纠纷调解问题

民事纠纷通常是指平等主体之间发生的人身、财产纠纷。一般情况下，发生民事纠纷，由当事人协商解决；协商不成的可以向相关主管部门请求调解处理；调解不成的，当事人可以申请仲裁或向人民法院提起诉讼。

行政主管部门调解民事纠纷制度，有着深厚的法理基础和群众基础。一方面，行政主管部门对相关的民事纠纷把握比较专业，这些纠纷对当事人来说可能是头一遭遇到，但对于行政主管部门来说，这样的纠纷是常见的，其中的法理以及如何处置，行政主管部门非常清楚；另一方面，全社会对行政主管部门信任度是很高的，对于行政主管部门的调解方案，绝大部分老百姓是能够接受的。实践证明，强化民事纠纷行政调解机制，是一种行之有效的处理方式。

在治安行政法律文化和制度设计中是非常强调调解的，2006年《公安机关执行〈中华人民共和国治安管理处罚法〉有关问题的解释》第一条就

是"关于治安案件的调解问题"。在这部分制度安排中有两点是非常清楚的。第一，倡导调解解决与治安相关的民事纠纷。"对因民间纠纷引起的打架斗殴或者损毁他人财物以及其他违反治安管理行为，情节较轻的，公安机关应当本着化解矛盾纠纷、维护社会稳定、构建和谐社会的要求，依法尽量予以调解处理。"

在该解释的第一部分，对于调解用语是"依法尽量予以调解处理"，当然完整理解这段话需要注意两个条件，一个是因民间纠纷引起的打架斗殴，另一个是情节较轻的。就本案而言，殴打行为是因宠物狗被咬死引发的治安案件，就这一点而言，本案适用调解完全符合治安法律法规相关规定。另外，就是受害人郭某霞被鉴定为轻微伤。殴打行为能否适用情节轻微？轻微伤与情节较轻之间并不矛盾，不存在轻微伤就不能适用情节较轻的限制。

《中华人民共和国治安管理处罚法》（以下简称《治安管理处罚法》）第四十三条规定："殴打他人的，或者故意伤害他人身体的，处五日以上十日以下拘留，并处二百元以上五百元以下罚款；情节较轻的，处五日以下拘留或者五百元以下罚款。"本案公安机关后来对王某华的处罚就是"五日拘留以及五百元以下罚款"，这也正说明了公安机关认定了殴打行为属于情节较轻的行为。

《治安管理处罚法》对于情节较重以及情节恶劣的有明确的规定，对于什么样的情形可以认定为情节较轻的情形，没有明确列举。情节较轻需要考虑诸多因素，实践中有的公安机关把受害人过错、民事纠纷引发、未成年人等方面加进去考量。就本案而言，受害人郭某霞饲养的大型宠物犬咬死王某华饲养了15年的小型宠物犬，郭某霞作为宠物的管理人存在过错。因此认定本案为情节较轻，符合治安处罚的精神。

根据公安部解释精神，本案应尽量予以调解处理。在郭某霞的狗咬死王某华的狗后，王某华基于信任寻求派出所处理，结果被告知是民事纠纷可以依法提起民事诉讼。

从本案询问笔录可以看出，本案是有一定调解基础的，在王某华与黄某某后来遇到受害人郭某霞讨说法时，郭某霞就提出"你不是报警了吗，去找派出所处理吧"。这句话最合乎常情的理解是，我们的纠纷既然报警了，就到派出所解决。如果派出所能够做细致的调解，纠纷有可能就化解了。遗憾的是，本案最终没能通过调解结案，事情越来越复杂。一开始，受害人郭某霞对公安机关对王某华作出不予处罚的决定不服，提起行政复议。后来，公安机关改变了行政处罚决定，王某华对于这一莫名的变化不服提起行政诉讼，案件已经经过一审、二审，截至本书成稿之时正处于被二审法院发回一审法院重审阶段，案件会不会进入再审程序不得而知。一起民事纠纷引发了多种程序，耗费大量的社会资源，试想一下，公安机关如果能在最初做好狗咬狗的调解工作，那该是多美好的结局啊！

当然，民事纠纷的处理可能会耗费派出所大量的精力，然而寻求最有效的方法化解纠纷正是治安行政管理追求的目标之一，及时有效地调解这些可能诱发治安案件的民事纠纷，同及时处理治安违法行为一样重要，派出所应该尽量调解这些纠纷。

二、关于本案中监控视频鉴定的几个问题

（一）案涉视频可以进行几次鉴定

通过案件梳理，本案涉及的视频鉴定有四家鉴定机构。第一家是安徽省公安厅物证鉴定中心，结果是不予受理；第二家是浙江迪安司法鉴定中心，鉴定意见为王某华击打到郭某霞的头部；第三家是安徽天正司法鉴定所，鉴定意见是无法识别王某华是否殴打到郭某霞；第四家是广东司法警官职业学院司法鉴定中心，鉴定意见是王某华有击打动作，但无法判断王某华是否击打到郭某霞身体。

根据《公安机关办理行政案件程序规定》（公安部令第149号，下文

简称 149 号令）规定，鉴定人鉴定后，应当出具鉴定意见。案涉视频第一次鉴定因检材不具备法定条件未被受理，未被受理的鉴定算不算一次独立的鉴定？不予受理是鉴定程序处理的一种结果，当然属于一次完整的鉴定，只是没有进入实体鉴定阶段，没能出具鉴定意见，本案出具明确鉴定意见的司法鉴定为三次。

149 号令第八十七条规定："为了查明案情，需要对专门性技术问题进行鉴定的，应当指派或者聘请具有专门知识的人员进行。"也就是说，对专门性问题启动鉴定属于公安机关的法定职权。公安机关因案情需要，组织第一次鉴定合乎法律规定。第一次鉴定没有被受理，《不予受理告知书》中给出的理由是"检材不具备鉴定条件"。在这种情况下，公安机关能否再次组织鉴定？149 号令第九十七条第六款规定："公安机关认为必要时，也可以直接决定重新鉴定。"结合本案情形，公安机关组织第二次鉴定合乎 149 号令的规定。

第二次鉴定意见为"王某华击打到郭某霞的头部"，对于这个鉴定意见，王某华不能接受，申请重新鉴定。王某华是否有权申请重新鉴定呢？149 号令第九十七条第四款规定："违法嫌疑人或者被侵害人对鉴定意见有异议的，可以在收到鉴定意见复印件之日起三日内提出重新鉴定的申请，经县级以上公安机关批准后，进行重新鉴定。同一行政案件的同一事项重新鉴定以一次为限。"也就是说对于第二次鉴定意见，王某华有权申请重新鉴定。

公安机关依据王某华的申请，依法组织了再次鉴定。第三次鉴定意见同第二次鉴定意见相反。出现了完全不同的鉴定意见，办理行政案件需要证据确凿，对于完全不同的鉴定意见，无法排除合理怀疑，这时完全可以得出结论：监控视频无法充分证明王某华存在殴打郭某霞的行为。然而公安机关选择了再次行使重新鉴定的职权，因而就有了本案的第四份鉴定意见。第四份意见没能按照委托要求给出意见，没有明确王某华殴打了郭某霞，也没有说王某华没有殴打郭某霞，而是分拆为两个结论，一个是王某华有殴打动作，另一个是无法判断王某华是否击打到郭某霞身体。

结合四份鉴定，公安机关无法排除合理怀疑，依据监控视频认定王某华殴打郭某霞证据不足。可是该案的办案民警却错误地适用证据规则，采用所谓的优势证据采信规则，认定王某华殴打郭某霞证据确实充分，完全无视第三份鉴定意见以及第四份鉴定意见中"无法判断王某华是否击打到郭某霞身体"的意见，得出王某华殴打郭某霞事实清楚、证据确凿的结论。这里面除了对证据规则理解的错误之外，是否先验地认为王某华有殴打郭某霞的行为不得而知。

有一个问题需要进一步明确，公安机关进行第四份鉴定是否完全合乎法律规定呢？

149号令第九十七条第六款规定："公安机关认为必要时，也可以直接决定重新鉴定。"孤立地看，公安机关有权决定第四次鉴定，但很多时候我们需要结合相关联的法条来解读。如果结合第九十八条来分析，公安机关决定重新鉴定依据就不足了。

149号令第九十八条第一款规定重新鉴定的法定情形包括：（一）鉴定程序违法或者违反相关专业技术要求，可能影响鉴定意见正确性的；（二）鉴定机构、鉴定人不具备鉴定资质和条件的；（三）鉴定意见明显依据不足的；（四）鉴定人故意作虚假鉴定的；（五）鉴定人应当回避而没有回避的；（六）检材虚假或者被损坏的；（七）其他应当重新鉴定的。最为核心的是第二款：不符合前款规定情形的，经县级以上公安机关负责人批准，作出不准予重新鉴定的决定，并在作出决定之日起的三日以内书面通知申请人。

本案前三次鉴定不存在149号令第九十八条第一款规定的七种情形，公安机关作出第四次鉴定的决定不符合149号令的规定。

（二）受害人或嫌疑人是否有权获得鉴定意见复印件

王某华对于公安机关撤销不予处罚决定，变更为拘留5日罚款500元的处罚不服，依法提起行政复议。在梳理案件材料时，王某华坚持认为没有收到鉴定意见。申请复议时，申请人认为公安机关违背法律规定没能送达鉴定意见侵犯了其知情权。

在给复议委员会答复材料中，公安机关提供了当事人签名的鉴定意见通知书。这里存在两个问题，一是，印有本通知已收到并有当事人签字及摁手印的通知书，是不是能证明当事人已经收到了通知书？另一个问题是，用通知书代替鉴定意见复印件是否符合149号令的规定？

对于第一个问题，公安机关提供当事人签名的通知书，可以证明当事人已经知晓鉴定意见是确定无疑的，是不是就可以证明当事人收到了通知书呢？结论是不确定的。签了字不能证明当事人就一定收到了通知书。完全可能存在让当事人签字却没有交付通知的情形。在公安机关提供给复议委员会的答复材料中，我们看到了几份有当事人签字的鉴定意见通知书，有的是正本件，也有的是副本件，无论是正本还是副本都印有此联附卷，这种情况下说明通知书正本副本都在公安机关的手里，当事人虽签了字，却没有收到通知书应该是一种合理的怀疑。

对于第二个问题，公安机关用通知书代替鉴定意见复印件是否符合法律规定？149号令第九十七条第二款规定："对经审查作为证据使用的鉴定意见，公安机关应当在收到鉴定意见之日起五日内将鉴定意见复印件送达违法嫌疑人和被侵害人。"规章明确规定的是鉴定意见复印件而非鉴定意见通知书。

对于鉴定意见复印件的理解存在广义和狭义的理解，如果仅从鉴定机构最后给出意见的角度来看，鉴定意见通知书只要准确载明最后的鉴定意见，是可以替代鉴定意见书复印件的。如果广义地理解鉴定意见复印件，应该是指鉴定意见书复印件。鉴定意见复印件应该是对鉴定意见书原始件的复印，事实上，鉴定意见书包含鉴定过程、分析说明、鉴定意见、附件（包含鉴定人执业证号以及职称等信息）等内容。当事人得到鉴定意见书复印件要比鉴定意见通知书内容丰富得多，从保障当事人权益角度来说，当事人有权获得的应该是鉴定意见书复印件。鉴定意见通知书限缩了当事人渴望知晓的多项权益。

（三）鉴定人的职称与鉴定意见的效力

第三份鉴定意见认为"无法识别王某华是否殴打到郭某霞"，公安机关本该得出王某华打人证据不够充分的结论。吊诡的是公安机关依职权继续重新鉴定，第四份鉴定意见非常清楚地表述王某华有击打动作，但无法确定是否击打到郭某霞的身体。很明显，几份证据材料之间对立非常明显，矛盾不能排除，对王某华行政处罚证据显然不够充分。

公安机关在给复议委员会的答复中，抛出了一个观点："第二份鉴定意见的鉴定人与第四份鉴定意见的鉴定人是正高级职称，而第三份鉴定意见的鉴定人是副高职称。"因此，公安机关认为结合第二份和第四份鉴定意见，足以认定王某华殴打他人的行为事实清楚、证据确凿。

鉴定意见是专业鉴定机构出具的意见，鉴定人持证独立作出鉴定意见，149号令第九十六条第二款规定："鉴定人对鉴定意见负责，不受任何机关、团体、企业、事业单位和个人的干涉。"公安机关依据鉴定人的职称质疑、否认甚至忽视相关鉴定意见效力的做法没有法律依据。

三、关于撤销生效行政处罚决定的问题

一开始公安机关对王某华已经作出了不予处罚决定，其依据是《治安管理处罚法》第九十五条第二项"依法不予处罚的，或者违法事实不能成立的，作出不予处罚决定"。

后来，受害人郭某霞对于这个处罚不满，提起行政复议。公安机关启动鉴定程序，四次鉴定后撤销了先前作出的不予处罚的决定，对王某华作出拘留并罚款的行政处罚。

这一处理程序合法性值得商榷。不予处罚决定书是公安分局作出的，

后来申请撤销不予处理决定的是分局下属派出所,这一做法缺乏法律依据。申请撤销报告书记载的法律依据是《公安机关内部执法监督工作规定》第十九条规定:"对公安机关及其人民警察不合法、不适当的执法活动,分别作出如下处理:(一)对错误的处理或者决定予以撤销或者变更;……"

准确适用这一法条有两点需要搞明白:第一点是已经作出的处理或决定是错误的;第二点是这一规定不适用下级对上级的监督。

我们先分析第一点。对王某华的不予处罚决定是分局作出的,无论是处罚还是不处罚,都是一个独立的行政行为。行政行为具有不可变更力,这是行政法基本原理之一,非经法定程序非由法定主体是不能任意更改行政行为效力的。作为具体经办案件的派出所怎么可以根据自己的理解,认为分局的决定错误就呈请撤销已经生效的行政行为呢?

受害人郭某霞已经对不予处罚王某华的决定提起行政复议,不予处罚王某华的决定是否正确,完全可以依照复议结果来决定。作为经办派出所对已经生效的行政行为进行多次鉴定,在鉴定意见相左的情况下,武断地认定分局的决定错误并呈请撤销是没有法律依据的。

我们再分析一下第二点。呈请撤销不予处罚决定依据《公安机关内部执法监督工作规定》前提是不正确的。《公安机关内部执法监督工作规定》第二条规定:"公安机关内部执法监督,是指上级公安机关对下级公安机关,上级业务部门对下级业务部门,本级公安机关对所属业务部门、派出机构及其人民警察的各项执法活动实施的监督。"这一条规定非常清楚,内部监督包括三种情形:一是上级公安机关对下级公安机关的监督;二是上级业务部门对下级业务部门的监督;三是本级公安机关对所属业务部门、派出机构及其人民警察的监督。

本案的情形是分局所属派出所认定分局作出的生效决定错误,结果启动呈请撤销程序。这样的处理违背了《公安机关内部执法监督工作规定》的相关规定,是不合法的。

对于本案而言，公安机关根据《公安机关内部执法监督工作规定》撤销已经对王某华的行政处罚适用范围存在明显的错误。《公安机关内部执法监督工作规定》第六条第四项规定："适用和执行行政拘留、罚款、没收非法财物、吊销许可证、查封、扣押、冻结财物、劳动教养、收容教育、强制戒毒等行政处罚和行政强制措施是否合法和适当。"这里明确提到的行政处罚种类有：行政拘留、罚款、没收非法财物、吊销许可证几种，对于较轻的警告处理以及不予处罚的情形没有列举在可监督范围之中。尽管这一项规定后面有"等行政处罚"的字眼，但依据列举的可监督范围来分析，类似这种警告以及不予处罚的决定显然不在可适用范围之中。

另外，还有一个重要的情节需要考虑，在公安机关对王某华作出不予行政处罚决定后，案件的受害人郭某霞曾经不服这一行政处罚决定并提起行政复议，后来在行政复议中郭某霞撤回了行政复议申请，在这种情形下，公安机关还坚持撤销不予处罚这一已生效的行政处罚决定，不仅没有法律规范层面的依据，也不合乎一般常情。

撤销不予处罚决定后，在证据材料不足的情形下，又给予王某华较重的行政处罚，如此处理让王某华很难接受，于是该案开始漫长的行政诉讼之路。一个案件受害人已经撤回复议申请，接受对王某华不予处罚决定这一后果，案件纠纷已经得到解决的情形下，公安机关却依据内部程序，撤销一个不在可撤销范围内的案件，重新作出行政处罚并引发一系列的行政诉讼，公安机关处理这一案件背后的法理逻辑值得思考。

四、关于拘留和罚款并处的问题

在撤销对王某华的不予处罚决定后，分局对王某华重新作出了行政处罚决定。对王某华并处拘留和罚款的决定不符合《治安管理处罚法》的精神。

案例 1
王某华诉马鞍山市雨山区公安分局行政处罚案

行政处罚决定书记载，根据《治安管理处罚法》第四十三条第一款规定，对王某华处行政拘留五日并罚款二百元整。我们直接对照《治安管理处罚法》第四十三条第一款就可以发现，这一处罚适用不恰当。《治安管理处罚法》第四十三条规定："殴打他人的，或者故意伤害他人身体的，处五日以上十日以下拘留，并处二百元以上五百元以下罚款；情节较轻的，处五日以下拘留或者五百元以下罚款。"郭某霞是案件的受害人，但是郭某霞在案件中存在明显的过错。这是一起因郭某霞宠物犬咬死王某华宠物犬引发的治安案件，宠物犬咬死宠物犬发生在 2019 年 1 月，在王某华报警的情形下，直至 2019 年 4 月 28 日，郭某霞一直存在消极对待民事纠纷的情形，在治安案件案发当天，王某华要求郭某霞给个说法，郭某霞推诿道"你不是报案了吗，你去找派出所处理去"。饲养人对宠物负有法定看管义务，事情发生后，郭某霞是存在明显过错的。公安机关对王某华处五日拘留以及罚款二百元应该是考虑这一因素，适用了情节较轻的处罚情形。但是，法律规定得非常明确，"情节较轻的，处五日以下拘留或者五百元以下罚款"。拘留、罚款是选择性适用，而非本案的并处。

当然，公安机关可能辩称，他们适用的并非情节较轻的情况，而是《治安管理处罚法》第四十三条规定"殴打他人的，或者故意伤害他人身体的，处五日以上十日以下拘留，并处二百元以上五百元以下罚款"的情形。这样的辩解不符合案件的实际情况。郭某霞的大型宠物犬咬死了王某华的小型宠物犬，并且郭某霞一直怠于履行相应的赔偿义务，这是本案的客观事实，郭某霞具有相当程度的过错，这一情节在该案的行政处罚中是不应该被忽视的。

本案公安机关对王某华的行政处罚应当适用情节较轻的情形，除了受害人郭某霞存在一定过错外，还有一个因素应该予以考虑，也就是另外一个殴打受害人的黄某某（王某华的妻子）已经被公安机关作出拘留 5 日并罚款 500 元的行政处罚。黄某某承认了殴打行为，对黄某某的行政处罚证据比较充分。相对而言，认定王某华殴打行为证据明显不足，这一点也正是公安机关一开始对王某华作出不予处罚的原因。很显然，即便认定王某华和黄某某共同殴打郭某霞，王某华在其中所起的作用也是次要的、辅助性的，这一点公安机关在作出行政处罚时是应该考虑的。

五、本案是否存在超期送达的问题

案件经过多次鉴定后，公安机关认为王某华有殴打郭某霞的行为，2020年1月21日撤销了对王某华不予处罚的决定，2020年1月22日对王某华作出新的行政处罚决定，行政拘留5天罚款500元整。王某华于2020年3月6日领取案件行政处罚决定书，被要求签署时间改为2020年1月22日。

2020年3月6日领取案件行政处罚决定书，签收时却被要求写成2020年1月22日。这一签署收到处罚决定书日期的变化几乎让王某华丧失复议的权利。处罚决定书规定得很清楚，当事人有权在收到行政处罚决定书60日内提起复议，这一改变就将王某华的实际复议期限由法定的60日被限缩为17日了，严重影响了王某华依法行使行政复议的权利。

公安机关的解释是2020年1月22日17时，在行政处罚决定书制作过程中，王某华声称有急事离开没能签字。后来2020年3月6日领取案件行政处罚决定书时让其签署1月22日，王某华也没有异议，如果王某华觉得时间不对可以拒签。

公安机关这种解释不合法理，至少有以下两方面。第一，行政处罚决定书的作出和送达，是公安机关单方行为，不需要以王某华签字认可为前提条件。公安机关行政处罚没有制作完成，王某华有急事离开，王某华没有任何不当之处。行政处罚不是和王某华协商的双方行为，是行政机关单方面的决定，王某华签字抑或不签字都不影响行政处罚行为的效力状况。

第二，行政处罚决定书送达时间和方式是法律明确规定的，不能任意更改。《行政处罚法》第四十条明确规定："行政处罚决定书应当在宣告后当场交付当事人；当事人不在场的，行政机关应当在七日内依照民事诉讼法的有关规定，将行政处罚决定书送达当事人。"

149号令第三十六条明确送达法律文书应当遵守下列规定："（二）除本款第一项规定外，作出行政处罚决定和其他行政处理决定，应当在宣告后将决定书当场交付被处理人，并由被处理人在附卷的决定书上签名或者捺指印，即为送达；被处理人拒绝的，由办案人民警察在附卷的决定书上注明；被处理人不在场的，公安机关应当在作出决定的七日内将决定书送达被处理人，治安管理处罚决定应当在二日内送达。"很清楚，公安机关应该在二日内把行政处罚决定书送达王某，法律没有规定其他例外的情形。

至于公安机关主张的王某华没拒绝签收，同意签署把领取行政处罚决定书日期由2020年3月6日改写成2020年1月22日，并不能改变公安机关已经迟延送达，侵犯王某华复议权利的客观事实。

六、公安机关撤销已经生效的行政行为性质

在后续的行政诉讼中，代理人着重从证据和程序两方面论证公安机关再次作出行政处罚的违法性。在程序方面，其中有一个重要的环节就是公安机关撤销已经生效的不予处罚决定不合法。

对于已经生效的不予处罚决定，利害关系人已经提起行政复议，在复议过程中利害关系人提出了撤回复议请求。行政行为具有内在的确定力与拘束力，非经法定程序不得撤销。

不予处罚决定明显不属于公安机关可以适用内部监督程序的案件。在利害关系人已经撤回复议申请，并且案件不能适用内部监督纠错程序的情形下，公安机关撤销不予处罚行政处罚决定程序明显违法。

在案件一审中，法官不认同王某华代理人意见，在判决中法官提出了公安机关撤销不予处罚决定属于其他行政行为，与本案审理的行政处罚行为无关，并指出如果对其他行政行为不服应该另行提起诉讼。

法官认定公安机关撤销不予处理行政处罚决定属于其他行政行为明显违背法理。

行政行为的含义尽管存在一定争议，但无论是在学术界还是实务界有一点是肯定的，行政行为是对相对人作出的。（公安机关撤销自己作出的行为，且不论这种撤销是否合法，单说这一撤销行为的对象并不是相对人，这一点就不符合行政行为这一概念，因此，尽管这种撤销客观上影响了相对人权益，但不能因此认定这一撤销不予行政处罚决定是一独立的行政行为。）

本案争议的事实只有一个，王某华是否存在殴打他人的行为？撤销行为并不是就这一事实作出的认定和处理，从行政法一般原理判断，公安机关撤销不予行政处罚决定应属于过程性行为，这一过程性行为对后续的行政处罚具有重要影响，是整个行政处罚程序的有机组成部分，不撤销不予处罚决定根本无法对王某华进行新的行政处罚，一审法官所主张的撤销不予处罚决定属于"其他行政行为"有悖行政法理，明显不利于行政争议的实质性解决。

七、一则有点蹊跷的行政复议案件

在雨山区公安机关于 2019 年 7 月 26 日对王某华作出不予行政处罚决定之后，郭某霞不服该决定，于 2019 年 8 月 9 日提出了行政复议申请。

该复议案件蹊跷的第一点在于，该行政复议是针对公安机关关于对王某华不予处罚的决定，依照一般法理，复议机关为了查明案情应该通知具有直接利害关系的第三人王某华参加复议，但是这一复议案件一直没有通知王某华参加。

在后续调查中，原告代理人得知，正是因为申请人郭某霞要求鉴定才启动了案涉视频鉴定程序。根据《行政复议法》的规定，该案的视频鉴定程序是不合法的。《中华人民共和国行政复议法实施条例》（以下简称《行政复议法实施条例》)第三十七条明确规定:"行政复议期间涉及专门事项需要鉴定的,当事人可以自行委托鉴定机构进行鉴定,也可以申请行政复议机构委托鉴定机构进行鉴定。"雨山公安分局以及雨山派出所并非复议中的行政复议机构,他们是该复议案件当事人之一,也就是申请人的对立面被申请人,由被申请人启动案涉监控视频鉴定程序没有法律依据,违背《行政复议法实施条例》第三十七条的规定,违背了正当程序原则的基本要求。

该复议案件蹊跷的第二点在于:在相应的鉴定意见出来后,复议机关应该依据鉴定意见依法作出复议决定,然而,复议机关却没有作出复议决定,意外的是该案的被申请人也就是雨山分局适用内部监督程序撤销了已经生效的不予处罚决定。这一点完全不合法理和常情。已经在复议程序中,复议机关不适用正常的撤销程序(假定这个案件应该撤销),被申请人却硬生生地适用内部监督程序撤销已经生效且在复议过程中的判定结果的行政行为,岂不怪哉!为啥说是"硬生生地适用内部监督程序"呢?因为不予处罚决定不属于《公安机关内部执法监督工作规定》内部监督程序可以适用的对象。

该复议案件蹊跷的第三点在于,复议案件申请人于2020年3月9日申请撤回复议。

在一审中,原告代理人侧面了解复议案件的进展,得知申请人已经撤回了申请。这样一来就出现了这样一个严重的程序问题,在复议案件已经撤销的情形下,在复议程序中启动的鉴定程序还能继续下去吗?如果这些鉴定程序不该继续下去,那各种鉴定意见的合法根基就没有了,再以鉴定意见为证据处罚王某华属于明显证据不足。为了弥补这一程序不足,在上诉中马鞍山市公安局补充说明郭某霞是2020年3月9日撤回的复议申请。

这一补充说明是比较蹊跷的,郭某霞是2019年8月9日提出复议申请的,到2020年3月9日郭某霞撤回申请,这个期限足足长达7个月,复议机关为啥一直不作出行政复议决定呢?在王某华及其代理人于一审、二审中坚持公安机关在复议案件程序结束后，继续坚持鉴定程序违法时，马鞍山市公安局出来说明郭某霞是2020年3月9日撤回申请的，这一点在法理上说不通，为啥这么重要的事实，雨山分局以及马鞍山公安局在案件处理的前期阶段不予说明呢？

《行政复议法》第三十一条规定："行政复议机关应当自受理申请之日起六十日内作出行政复议决定；但是法律规定的行政复议期限少于六十日的除外。情况复杂，不能在规定期限内作出行政复议决定的，经行政复议机关的负责人批准，可以适当延长，并告知申请人和被申请人；但是延长期限最多不超过三十日。"也就是说作出复议决定的时间经过批准延长，最多也需要在90日内作出决定。

案件可以扣除的时间分别为：浙江迪安司法鉴定中心送检为2019年9月3日，出结果的时间是2019年9月18日，共计用时16天；安徽天正司法鉴定所送检为2019年12月5日，出结果的时间是2019年12月24日，共计用时20天；广东司法警官职业学院司法鉴定中心送检为2020年1月3日，出结果的时间是2020年1月13日，共计用时11天；几次鉴定可扣除期限无论如何也不超出60天，而从郭某霞2019年8月9日提起行政复议到2020年3月9日，案件长达7个月之久。

在案件受理长达7个月之后，申请人还可以申请撤回复议申请吗？本案真是有些吊诡，根据《行政复议法》第三十一条规定可以得知，行政复议案件作出复议决定最长不应超过90日。问题是如果超过90日意味着什么？超过90日并不意味着案件还在办理中，依照《行政复议法》的规定，超过期限意味着案件已经终结，其实质是在法定期限内没有支持复议请求，正因为基于这样的法理，《行政诉讼法》第四十五条规定："公民、法人或者其他组织不服复议决定的，可以在收到复议决定书之日起十五日内向人民法院提起诉讼。复议机关逾期不作决定的，申请人可以在复议期满之日起十五日内向人民法院提起诉讼。"

《行政复议法》第三十四条规定："行政复议机关违反本法规定，无正当理由不予受理依法提出的行政复议申请或者不按照规定转送行政复议申请的，或者在法定期限内不作出行政复议决定的，对直接负责的主管人员和其他直接责任人员依法给予警告、记过、记大过的行政处分；经责令受理仍不受理或者不按照规定转送行政复议申请，造成严重后果的，依法给予降级、撤职、开除的行政处分。"如果真是到了2020年3月9日申请人才提起撤回申请的，那案件的性质就不一样了，如此超长期限不作出复议决定，直接负责的主管人员和其他直接责任人员依法应该被追究政务处分啊！

不能因为原告及其代理人在诉讼中提出了"复议案件因撤回申请而终结，复议程序中启动的鉴定程序需要终结"的主张，被告就整出申请人是2020年3月9日提出撤销申请的材料。这样处理对于被告来说，其后果可能比败诉还严重，复议案件直接负责的主管人员和其他直接责任人员真打算要承担政务处分吗？

期待案件发回重审时法院能查清郭某霞撤回复议申请的具体情形。

案例 2

北京康居认证中心诉
仪征市市场监督局行政处罚案*

2018年4月18日,仪征市市场监督局在执法检查中发现江苏中材管道有限公司产品标注康居认证标志,江苏中材管道有限公司提供了两份标称北京康居认证中心颁发的《康居产品认证证书》(编号:KCPC15-11-002-1、KCPC15-11-002-2)。经初步核查,证书当时的状态为有效。但江苏中材管道有限公司无法提供年度监审报告,仪征市市场监督局进一步调查发现,北京康居认证中心在颁发认证证书后,自2016年4月21日第1次监督检验合格后至2018年5月31日期间没有按照《建筑管件、管材认证实施规则》(KCPC/IR-11:2009)实施"获证后监督"程序,没有收取监督审查费用,也没有下发《暂停认证证书通知书》,截至2018年5月31日证书一直处于有效状态。

按照北京康居认证中心备案的《建筑管件、管材认证实施规则》规定,从获证后12个月起,在证书有效期内,该中心每年至少对企业进行一次监督审查。仪征市市场监督局认为北京康居认证中心没有按照认证规

---

* 本文涉及案件为作者办理的真实案件,目前仪征市市场监督管理局还没有按照规定上传相关文书至国家企业信用信息系统,在此只能提供案号:仪征市市场监督管理局行政处罚决书(仪市监罚字〔2018〕101号)。

则对中材公司颁发证书的产品实施获证后监督，程序违法，拟对北京康居认证中心进行行政处罚。

在案件处理中有几个行政法律问题很有实践价值和理论意义，本文结合该案的一些具体情形进行有针对性的剖析。

一、作出行政处罚决定之前，举行二次听证没有法律依据

仪征市市场监督局立案调查结束后认定：北京康居认证中心从 2016 年 4 月 21 日至 2018 年 5 月 31 日期间未能按照《建筑管件、管材认证实施规则》（KCPC/IR－11：2009）、《康居认证中心（KCPC）认证监督》（UCPC－PD10）"两次监督审核的时间间隔不超过 12 个月"要求，对其颁发的两份《康居产品认证证书》（编号：KCPC15－11－002－1、KCPC15－11－002－2）未实施有效的跟踪调查，且证书一直处于有效状态，构成了"未对其认证的产品实施有效的跟踪调查"违法行为。

根据《中华人民共和国认证认可条例》第六十条"认证机构有下列情形之一的，责令改正，处 5 万元以上 20 万元以下的罚款，有违法所得的，没收违法所得；情节严重的，责令停业整顿，直至撤销批准文件，并予公布：……（三）未对其认证的产品、服务、管理体系实施有效的跟踪调查"的规定责令立即改正，并经仪征市市场监管局案审会集体讨论，拟给予北京康居认证中心如下行政处罚：处罚款人民币 125000 元；没收违法所得人民币 8000 元。

仪征市市场监督局依法告知北京康居认证中心有权要求听证，北京康居认证中心依法要求听证。在听证会上，北京康居认证中心代理律师阐述了代理意见，听证结束后，市场监督局部分采纳了代理人意见，变更了拟对北京康居认证中心的行政处罚：决定给予当事人行政处罚罚款 7.5 万元。在变更行政处罚后，市场监督局二次告知北京康居认证中心可依法要求听证，北京康居认证中心再次要求听证，在第二次听证会上，北京康居认

中心代理律师的意见完全没有被采纳，第二次听证结束后，市场监督局作了正式的行政处罚决定：罚款 7.5 万元。

根据《行政处罚法》第四十二条的规定："行政机关作出责令停产停业、吊销许可证或者执照、较大数额罚款等行政处罚决定之前，应当告知当事人有要求举行听证的权利；当事人要求听证的，行政机关应当组织听证。"

仪征市市场监督局第一次拟作处罚 12.5 万元的行政处罚，依法告知了当事人有要求听证的权利。一般情况下，听证会结束后，市场监督局依据听证会的记录依法作出行政处罚即可；如若当事人不服，可以通过后续的行政复议或行政诉讼程序进行救济。

问题是，仪征市市场监督局在部分采纳了北京康居认证中心代理人意见后，对拟作的行政处罚作了较大的变更，市场监督局对于变更后的拟作行政处罚又通知相对人有权要求二次听证，在二次听证会上，代理人的意见完全没有被采纳。

仪征市市场监督局举行二次听证没有明确的法律依据，市场监督局告知相对人二次听证，从目的正当性来考量显然是善意的，体现了对当事人表达权的重视，但多出来的这一程序无疑加重了相对人的维权成本，案件当事人是北京的，代理人是南京的，为了参加二次听证，当事人付出了较大的成本，二次听证中代理人的意见完全不被采纳，因而当事人质疑二次听证的合法性与必要性是可以理解的。

举行二次听证的必要性较弱，并且缺乏法律依据，但仪征市市场监督局这一程序违法与本案的行政处罚的合法性直接关联程度较弱，不能构成因程序违法可以撤销行政处罚的法定情形。

若不依法举行听证会必然构成对相对人法定听证权的剥夺，肯定可以认定因程序违法进而撤销行政处罚的情形。对于仪征市市场监督局举行的缺乏法律依据的二次听证会，本案当事人有选择的权利，完全可以放弃参加二次听证会的权利。对于相对人就参加二次听证会额外的支出成本，要

案例 2
北京康居认证中心诉仪征市市场监督局行政处罚案

求仪征市市场监督局予以分担有法理上的依据,尽管相对人可以选择不参加,依据信赖保护原则,相对人有理由相信市场监督局的行为有充足的合法性,对参加本案这样合法性不充分的二次听证会,在当事人意见完全不被采纳,听证程序纯粹空转增加当事人实际负担的情况下,仪征市市场监督局承担部分当事人二次听证成本合乎信赖保护原则的要求。

在行政诉讼中,当事人这样的诉求可以得到相关规范的支持,《行政诉讼法》第七十六条规定:"人民法院判决确认违法或者无效的,可以同时判决责令被告采取补救措施;给原告造成损失的,依法判决被告承担赔偿责任。"

对比仪征市市场监督局两次拟作的行政处罚,可以发现后一次行政处罚对前一次行政处罚作了重大变更。这种变更不仅在于处罚结果的变更,补强了行政处罚的相关法律依据,对于相对人违法事实的认定概括也作了变更。在处罚结果上从开始的"1. 处罚款￥125000元;2. 没收违法所得￥8000元"变更为"处罚款￥7.5万元"。

处罚依据变更如下:(1)根据《中华人民共和国认证认可条例》第六十条第一款第(三)项"认证机构有下列情形之一的,责令改正,处5万元以上20万元以下的罚款,有违法所得的,没收违法所得;情节严重的,责令停业整顿,直至撤销批准文件,并予公布:……(三)未对其认证的产品、服务、管理体系实施有效的跟踪调查"的规定;(2)根据当事人自己制定发布的认证规则,第2次的认证后监督程序至少应在2016年5月13日(应为2016年4月29日,监督局认定有误)第1次监督检验合格后12个月内完成,可当事人直到2018年6月1日暂停认证证书,都没有实施"获证后监督"程序,也没有暂停或撤销认证证书,期间同时违反了2015年8月1日起施行的《认证机构管理办法》(164号令)第二十三条"认证机构应当按照认证基本规范、认证规则规定的程序对认证全过程实施有效控制,确保认证和产品测试过程完整、客观、真实,并具有可追溯性,不得增加、减少或者遗漏认证程序和活动,并配备具有相应能力和专业的认证人员对上述过程进行评价"和2018年1月1日起施行的《认证机构管理办法》(193号令)第十六条"认证机构从事认证活动,应当符合认证基本规范、认证规则规定的程序要求,确保认证过程完整、客观、真实,不得增加、减少或者遗漏程序要求"。违反上述规定,所对应的法律责任分别为"认证机构有下列情形之一的,地方认证监管部门应当责令其改正,处5万元以上10万元以下罚款,有违法所得的,没收违法所得;情节严重的,国家认监委应当责令其停业整顿6个月直至撤销其批准证书,并予公布:……(二)增加、减少、遗漏认证基本规范、认证规则规定程序要求,认证人员未到审核现场或者未对认证委托人的纠正措施进行有效验证即出具认证证书的;……","认证机构违反本办法第十六条规定,增加、减少、遗漏程序要求的,依照《认证认可条例》第六十条的规定进行处罚。认证机构被责令停业整顿的,停业整顿期限为6个月,期间不得从事认证活动。认证机构增加、减少、遗漏程序要求,情节轻微且不影响认证结论的客观、真实或者认证有效性的,应当责令其限期改正。逾期未改正或者经改正仍不符合要求的,依照前款规定进行处罚"。

另外,还增补了地方规范性文件的相关规定:"参照原江苏省扬州质量技术监督局《江苏省扬州质量技术监督机关行政处罚裁量规则》《江苏省扬州质量技术监督机关行政处罚裁量标准》(扬质监发〔2007〕71号)'认证认可监督管理违法行为'类别中'增加、减少、遗漏认证基本规范、认证规则规定的程序1-3项的,处5万元以上10万元以下的罚款'。"

在对相对人违法事实认定上也作了变更,从开始的"构成了'未对其认证的产品实施有效的跟踪调查'违法行为"变更为"增加、减少、遗漏程序要求"。

仪征市市场监督局这些变更主要是由代理人在听证会上的抗辩引起的,听证会的积极效果是减轻了对相对人的处罚,但仪征市市场监督局也进一步完善了最初拟作处罚的错误与不足。仪征市市场监督局最初的这些错误和不足足以严重到可以撤销行政处罚的地步,因听证会这些错误得到了修正。

如若在诉讼中,针对仪征市市场监督局最初的这些错误,法院可能撤销拟作的行政处罚,经过听证会相对人得到的可能是减轻了拟作的行政处罚。有的时候在处罚结果上还可能没有任何减轻责任,却帮助行政机关弥补了行政处罚中存在的不足。在救济程序中一般不会出现加重相对人责任的情形。这个在处罚听证中没有明确规定,但这是行政法一般法理,无论是在复议中还是在诉讼中,都不得加重相对人责任,除非法律明确可以加重的特定情形。

问题随之而来,当事人参加听证会是不是吃亏了?

首先,《行政处罚法》对于听证程序的规定有漏洞。根据《行政处罚法》第四十二条第七项的规定:"听证应当制作笔录;笔录应当交当事人审核无误后签字或者盖章。"这一条对于拟作的行政处罚是否必须依据听证笔录作出没有限制性的规定。案件中听证会制作了笔录,北京康居认证中心的代理人签了字。问题是仪征市市场监督局通过听证会发现了自己的错误,在后来的拟作处罚中几乎全面变更了拟作的行政处罚,从结果到依据,再到违法事实的认定都作了变更,没有受到听证笔录的制约。

在《行政许可法》中,对于行政许可听证的效力做了明确规定。《行政许可法》第四十八条规定:"听证按照下列程序进行:……(五)听证应当制作笔录,听证笔录应当交听证参加人确认无误后签字或者盖章。行政机关应当根据听证笔录,作出行政许可决定。"很显然,许可听证决定必须依据听证笔录作出,《行政处罚法》第四十二条缺乏这样明确听证会笔录效力规定的内容。

正因为如此,仪征市市场监督局突破听证笔录内容的限制,随意变更拟作的行政处罚确实让相对人处于不利的地位。这一制度的缺陷可能导致相对人参加听证会最终帮助行政主体修正在行政处罚中存在的诸多违法问题,相对人自己却无任何获益的情形出现,行政主体因通过这一程序完善了拟作的行政处罚,这样大大降低了在后续的复议或诉讼中败诉的风险。

其次，行政复议或行政诉讼中的重作制度最终会让相对人对违法行为承担应有的法律责任。

重作制度主要涉及《中华人民共和国行政复议法》第二十八条和《中华人民共和国行政诉讼法》第七十条的相关规定。《行政复议法》第二十八条第三项规定，具体行政行为有下列情形之一的，决定撤销、变更或者确认该具体行政行为违法；决定撤销或者确认该具体行政行为违法的，可以责令被申请人在一定期限内重新作出具体行政行为：（1）主要事实不清、证据不足的；（2）适用依据错误的；（3）违反法定程序的；（4）超越或者滥用职权的；（5）具体行政行为明显不当的。

《行政诉讼法》第七十条规定：行政行为有下列情形之一的，人民法院判决撤销或者部分撤销，并可以判决被告重新作出行政行为：（1）主要证据不足的；（2）适用法律、法规错误的；（3）违反法定程序的；（4）超越职权的；（5）滥用职权的；（6）明显不当的。

这两条有关重作行政行为的，制度规定可以消弭或对冲听证制度中因相对人抗辩行政主体补齐行政处罚不足，对相对人权益却毫无助益的情形。这样说有点抽象，结合文中案件进行例证说明就容易理解了。

假定北京康居认证中心放弃听证，案件直接进入诉讼程序，依据仪征市市场监督局最初的拟作处罚材料，法院可能认定行政处罚存在事实认定不清、适用法律错误、处罚程序违法、处罚明显不当等一项或数项情形，作出撤销行政处罚的判决。

撤销了行政处罚并不意味着相对人涉嫌违法的行为就不予追究了。一种情况并且是最为常见的情形是法院在作出撤销行政行为或部分撤销行政行为的同时，直接判决被告重作判决行政行为。无论是《行政复议法》第二十八条还是《行政诉讼法》第七十条都是用了"可以"一词。事实上，即便复议机关或人民法院不要求重作，案涉行政机关在行政行为被撤销后也可能会重作行政行为，在新的重作行为中它们会修正行政复议或行政诉讼中暴露出的问题，完善后续的行政处罚行为。行政机关在行政行为撤销后重作相应的行政处罚行为没有相关的明确的限制性规定,不违背"一事不再罚"或"一事不再理"的原则。

案件撤销后可以重作,从立法目的考量,符合行政复议以及行政诉讼制度的立法目的。《行政复议法》第一条:"为了防止和纠正违法的或者不当的具体行政行为,保护公民、法人和其他组织的合法权益,保障和监督行政机关依法行使职权,根据宪法,制定本法。"《行政诉讼法》第一条:"为保证人民法院公正、及时审理行政案件,解决行政争议,保护公民、法人和其他组织的合法权益,监督行政机关依法行使行政职权,根据宪法,制定本法。"从两个法律的第一条规定来看,无论是复议还是诉讼,都有两个目的,一是当事人权利救济,另一个是监督行政机关依法行政。

行政复议或行政诉讼存在这样两个目的,也就意味着无论是听证阶段还是复议阶段,或者是诉讼阶段,相关程序的设计不在于让违法的相对人规避应承担的法律责任。从这个角度思考,在经历听证程序后行政机关吸取听证意见调整拟作的行政处罚对相对人合法权益保护没有太多的不利影响,因为行政行为中可能存在的问题不经历听证这一程序的检验与修正,行政机关存在的问题在行政复议或行政诉讼程序中同样会得到检验与修正。

从保护自身合法权益的角度出发,如果行政机关能够吸收听证中的合理建议,对拟作行政行为做出修改或完善也是一种有效的制度安排。如果相对人对修改后的行政行为感到满意或觉得行政行为已无不妥之处,不再寻求复议救济或诉讼救济,这种制度安排不失为一种相对高效的制度安排。

但从惩戒行政机关对自己作出不法行政行为应该承担法律责任的角度判断,对于那些行政机关确实存在违法情形的案件,相对人完全可以放弃听证权利,让案件直接进入复议或诉讼环节,这种选择对相对人来说可能更为"解气"。由于重作制度相对人不法行为不会因行政复议或行政诉讼获胜而得以免除承担相应的责任,也就是说赢了官司不会获得法外利益,但可以让作出违法行为的行政机关败诉,在当下的制度安排中,行政机关在行政复议或行政诉讼中败诉的情形下是要承担相应的、比较严重的不利于考核的后果。

回到本案,在初次听证会后,仪征市市场监督局采纳代理人的意见对行政处罚作了完善处理,这样处理不存在侵犯北京康居认证中心合法权益的情形,但这种完善可能让其在后续的行政复议或行政诉讼中不再败诉。如若北京康居认证中心一开始直接放弃听证,在行政诉讼中仪征市市场监督局则可能败诉,但由于重作制度的影响,北京康居认证中心事实上也不可能避开该承担的行政处罚。从效率的角度考虑,行政机关能在听证程序阶段,在相对人的帮助下完善相应的行政处罚,不失为一种高效的制度安排,毕竟后续行政复议救济或行政诉讼救济是要付出时间以及金钱成本的。

二、是否违反认证机构制作的认证规则属于事实认定,而非法律适用

在案件中有这么一段,北京康居认证中心没能依照其制定并依法备案的认证规则规定,对其颁发认证证书的产品履行获证后监督程序,构成了减少、遗漏认证规则规定的程序的违法行为。

国家认证区分为强制性认证和自愿性认证两大类别。对于自愿性认证服务,国家没有统一的强制性的认证规则,而是把认证规则的制定权赋予了开展认证业务的认证机构,但要求认证机构备案相关的认证规则。

北京康居认证中心代理人认为认证机构制定的规则尽管有相关法律的一般授权并要求备案,但毕竟不同于国家制定的规则,认证机构制定的认证规则不可能具有国家法的效力,不具有强制执行的效果,最起码违背自己制定的认证规则的制裁要有别于违背国家制定的统一认证规则的制裁。

对于代理人的辩解,仪征市市场监督局没有回应,原因一种可能是不

屑作出回答，另一种情形是不知道如何回答或者回答对自己不利，采取不予理睬的策略。该案中，仪征市市场监督局对这一问题没有回应应该属于后一种情形。

认定认证机构违背了自身制定的认证规则规定的程序，构成减少、遗漏认证规则规定程序要求，进而依据《认证机构管理办法》相关规定予以行政处罚，在这一法律适用过程中确有必要明确两个问题：第一，认证规则规定的程序要求不属于法律层面的规范；第二，违背自愿性产品认证规则与违背国家强制性产品认证规则在处罚上应有所区别。

结合本案，北京康居认证中心在其备案的认证规则中明确要对其认证的产品在获证后的 12 个月内履行获证后监督程序。本案仪征市市场监督局正是在检查中发现北京康居认证中心没有依照认证规则进行获证后监督而对其进行行政处罚的。

获证后 12 个月内开展监督程序规则不应理解为法规范。法规范在现代法治社会是指特定的国家机关依照法定权限、法定程序制定的规则体系。认证机构属于认证市场经营主体，这些主体制定的认证规则不可能成为具有法律效力的法律规范，即便是经过正式备案程序的认证规则也不可能获得法律规范的效力。

既然不是法规范，那认证机构不依照认证规则开展认证工作缘何需要承担法律责任呢？这里需要换一下思路来理解这一问题。认证机构不依照认证规则需要承担法律责任，这个责任来源不是认证机构规定的认证规则，而是认证机构管理办法、认证认可条例等这些国家行政法律规范。认证机构违背认证规则属于事实认定，不属于法律适用。认证机构违背认证规则减少遗漏认证程序就如同房产建设公司私自改动建设规划一般，建设规划不属于法律规范，但不按照批准的规范施工需要承担法律责任。对是否不依照认证规则开展认证服务的判断属于事实判断，其判断标准是客观事实标准，判断是否有违背认证规则的客观情形，属于案件事实认定部分，至于违背认证规则应该受到何种制裁则属于法律适用环节。

对于自愿性产品认证领域，国家没有制定统一的认证规则，这一部分认证规则都是由认证机构自行制定并报认监委备案的。国家鼓励自愿性产品认证市场的发展，通过专业性认证认可提供认证认可服务，培育规范自愿性产品认证市场的发展，降低市场交易风险和交易成本。这一制度追求的是更高层次的市场交易秩序与市场生态环境，这一点不同于国家强制认证产品的认证规则，强制认证认可制度追求的是公众安全和公共秩序，违背这一类产品或服务的认证规则，其产品或服务可能对社会公共利益产生难以估量的破坏。

在认证认可行政管理法律规范中，对认证机构没有依照认证规则开展认证服务应该如何处罚，相应的行政法规范没有做强制性认证与自愿性认证方面的进一步区分，只是做了一般自由裁量式的规定。作为认证认可管理的法定机关，市场监督局在处罚认证认可机构没依照认证规则开展认证认可服务时，理所应当要区别案涉的认证规则是国家统一的强制性认证规则还是认证机构自身制定的认证规则，这是行政合理性原则的内在要求。

三、无证人员参与现场监督并在工作报告上签名的未必一定要承担法律责任

在案件调查中，仪征市市场监督局发现北京康居认证中心存在"非持证人员参与认证"的违法事实，在后续的处罚中因这一违法事实发生已超过《行政处罚法》规定的两年追究期限，最终对这一违法行为不予处罚。

根据案件调查情况，市场监督局认为北京康居认证中心有两次聘用未经认可机构注册的人员从事认证活动的违法行为。一次是四名工业产品认证检查员到江苏中材管道有限公司实施了工厂审查，其中一人没有取得中国认证认可协会颁发的工业产品认证检查员证；另一次是委派两名工业产品认证检查员到江苏中材管道有限公司实施工厂审查，其中一人没有取得中国认证认可协会颁发的工业产品认证检查员证。

案例 2
北京康居认证中心诉仪征市市场监督局行政处罚案

《中华人民共和国认证认可条例》第三十九条规定:"从事评审、审核等认证活动的人员,应当经认可机构注册后,方可从事相应的认证活动。"如果存在聘用非持证人员从事认证活动将要承担较重的法律责任。《中华人民共和国认证认可条例》第六十条规定:"认证机构有下列情形之一的,责令改正,处5万元以上20万元以下的罚款,有违法所得的,没收违法所得;情节严重的,责令停业整顿,直至撤销批准文件,并予公布:(四)聘用未经认可机构注册的人员从事认证活动的……"

本案若不是因市场监督局认定违法行为超过2年不予追究,北京康居认证中心可能面临严厉的制裁。两次工厂审查中都有未注册人员。对此,北京康居认证中心的解释是见习认证员,接受过职业培训,由该中心安排参与工作实践,准备考取证书。

对于北京康居认证中心的解释,仪征市市场监督局没有接受,并且指出依据2015年3月13日开始实施的《自愿性产品认证检查员注册准则(第3版)》(中国认证认可协会中认协注二〔2015〕44号文件发布),"自愿性产品认证检查员的注册专业和级别条款中,将注册资格只分为检查员和高级检查员两个级别",没有"见习检查员(认证员)"注册级别,而且"检查员资格经历要求条款中,检查员注册申请人也无检查经历要求"。

对于北京康居认证中心这两次工厂审查中出现非持证人员的情形是否应该认定为违法行为,需要视情况分析。《中华人民共和国认证认可条例》第三十九条规定:"从事评审、审核等认证活动的人员,应当经认可机构注册后,方可从事相应的认证活动。"从法律规定来看,主要应该调查无证人员是否从事了认证活动。

假如两次工厂审查中没有出现这两个人,这两次工厂审查是否有效?很明显,即便没有这两个人参与这两次认证活动,这两次工厂审查认证活动也是真实有效的。认定这两个人是否从事了认证活动,不是看其是不是同其他参加认证活动人员同行,也不在于看其是否从事了一些辅助性的工作,主要看其是否从事了认证活动,从本案情形来看,主要应该判断这两个人所从事的活动是否构成工厂审查报告不可缺少的组成部分。如果这两个人只是跟随持证人员,没有独立从事认证活动,当然不能认定北京康居认证中心存在聘用非持证人员从事认证活动的违法行为。

假定这两个非持证人员在持证人员的指导下,从事一些辅助性的工作,只要没有对工厂审查报告产生实质性影响,同样不宜认定其参加了认证活动。法律规范中的认证活动是一种专业性的判断活动,而不是一种物理性质的参与。如果背离了法律规范背后的法理,任意解释认证活动则会得出荒诞不经的结论。比如在工厂审查过程中可能有中材公司的陪同人员,也可能有其他的观摩人员,据此得出非持证人员参与工厂审查活动是要闹出笑话的。

北京康居认证中心解释那两个无证人员是见习认证员,接受过职业培训,由该中心安排参与工作实践,准备考取证书,是完全可以接受的,也是实践中的正常情形。

相反,仪征市市场监督局所谓的"注册资格只分为检查员和高级检查员两个级别",没有"见习检查员(认证员)"注册级别,而且"检查员资格经历要求条款中,检查员注册申请人也无检查经历要求"的观点,则完全属于任性非理性的解释。

北京康居认证中心说这两个人是见习人员,跟随持证人员参与工作实践,准备考注册证,无论从哪个角度都无法推导出市场监督局所谓的没有"见习检查员(认证员)"注册级别这一荒谬的结论。对于要求持证上岗的领域,比如认证、公证、律师、医生等,实习或见习人员在持证人员带领下参与相应的专业活动是极为普通寻常的事情。

市场监督局因见习人员参与工厂审查活动,因而得出认证机构聘用无证人员从事认证活动属于违法行为,属于典型认定事实不清、证据不足的情形。幸好这一事实因超过 2 年未予追究,否则在法庭上,仪征市市场监督局是要闹笑话的。

四、在适用法律中遇到新旧法律冲突时,应该遵循从旧兼从轻的法律原则

本案中北京康居认证中心于2016年4月21日对中材管道做过一次工厂审查,后来一直到案发时也就是2018年5月31日,没有对获证产品进行获证后跟踪调查。未能按照《建筑管件、管材认证实施规则》(KCPC/IR-11:2009)、《康居认证中心(KCPC)认证监督》(UCPC-PD10)"两次监督审核的时间间隔不超过12个月"要求,对其颁发的两份《康居产品认证证书》(编号:KCPC15-11-002-1、KCPC15-11-002-2),实施有效的跟踪调查,且证书一直处于有效状态,构成了"未对其认证的产品实施有效的跟踪调查"违法行为。

如果认定北京康居构成了"未对其认证的产品实施有效的跟踪调查"违法行为,依据修订后自2018年1月1日起施行的《认证机构管理办法》规定,未对其认证的产品实施有效的跟踪调查已经不属于违法行为了,也就谈不上什么行政处罚了。

当然,如果认定未对其认证的产品实施有效的跟踪调查的违法行为实际发生在2017年4月21日之后,因为截至2017年4月21日没有完成跟踪调查不作为违法行为已经完成。按照当时的《认证机构管理办法》第五十二条第三项是可以认定为违法行为的。

根据立法法,新规章的溯及力应坚持从旧兼从轻的原则。《立法法》第九十三条规定:"法律、行政法规、地方性法规、自治条例和单行条例、规章不溯及既往,但为了更好地保护公民、法人和其他组织的权利和利益而作的特别规定除外。"新修订的规章已经排除了未实施跟踪调查为违法行为,因而对这种行为也就无须行政处罚。

从这个角度考虑,北京康居认证中心参加第一次听证会是有点吃亏的,如若在诉讼中,市场监督局的行政处罚因行政处罚法律依据不足被撤销应该是大概率情形。

在第一次听证会后，市场监督局本应该作出不予行政处罚决定的，但仪征市市场监督局没有能够依照法理办事，及时纠正自己的错误。

既然认定北京康居认证中心未对其认证的产品实施有效的跟踪调查不违法，仪征市市场监督局就该改变对其不履行跟踪调查行为的性质认定，在后来行政处罚中，仪征市市场监督局把北京康居认证中心违法行为定性为"减少、遗漏认证基本规范、认证规则规定的程序"。无论在新的还是旧的《认证机构管理办法》中，"减少、遗漏认证基本规范、认证规则规定的程序"这种违法行为都是可以予以行政处罚的。

事实上，北京康居认证中心的行为根本不属于"减少、遗漏认证基本规范、认证规则规定的程序"的情形。依照认证规则，北京康居认证中心应该于2017年4月29日前再次完成年审（因《产品认证证书》2015年4月29日认证、核发的，尽管北京康居认证中心在2016年4月21日做过一次工厂审查，但日期还是应该截至2017年4月29日前），但因江苏中材管道有限公司没有提出申请，北京康居认证中心没及时撤销颁发的认证证书。在这个过程中根本谈不上什么减少或遗漏程序的违法行为。

若要认定是减少、遗漏认证规则规定的程序，一个基本的前提应该是——北京康居认证中心的认证服务还在继续，认证服务在继续的最直接的证据就是收费还在继续。事实上，自2016年4月21日之后，北京康居认证中心已经没有再收取任何认证服务费用了。

北京康居认证中心的违法行为是因江苏中材管道有限公司没能在2017年4月29日前提出年检也就是工厂审查的请求，应该及时撤销其颁发的中财管道公司《康居产品认证证书》（编号：KCPC15-11-002-1、KCPC15-11-002-2），其违法行为只能是拖延撤销其颁发的证书行为。压根就不存在所谓的"减少、遗漏认证基本规范、认证规则规定的程序"这一违法行为。

案例 3

养天和诉国家食品药品监督管理总局行政处罚案[*]

2015年1月4日,国家食品药品监督管理总局(下称国家食药监局)发布2015年第1号公告——《关于药品生产经营企业全面实施药品电子监管有关事宜的公告》,核心内容为:① 2015年12月31日前,境内药品制剂生产企业、进口药品制药厂商须全部纳入中国药品电子监管网(以下简称入网),按照国家食药监局《关于印发药品电子监管工作指导意见的通知》(国食药监办〔2012〕283号)的要求,完成生产线改造,在药品各级销售包装上加印(贴)统一标识的中国药品电子监管码(以下简称赋码),并进行数据采集上传,通过中国药品电子监管平台核注核销。2016年1月1日后生产的药品制剂应做到全部赋码。② 2015年12月31日前,所有药品批发、零售企业须全部入网,严格按照新修订《药品经营质量管理规范》要求,对所经营的已赋码药品"见码必扫",及时核注核销、上传信息,确保数据完整、准确,并认真处理药品电子监管系统内预警信息。……

2015年12月30日,国家食药监局发布了《关于未通过新修订〈药品

---

[*] 本文涉及案件访问路径 https://www.iyiou.com/news/2016012624049。

经营质量管理规范〉认证企业停止经营的公告》（2015 年第 284 号），公告称："根据《国家食品药品监督管理总局关于贯彻实施新修订〈药品经营质量管理规范〉的通知》（食药监药化监〔2013〕32 号）有关要求，所有药品经营企业在 2015 年 12 月 31 日前必须达到新修订《药品经营质量管理规范》（以下简称药品 GSP）的要求。自 2016 年 1 月 1 日起，凡是未通过新修订药品 GSP 认证的药品经营企业，一律停止药品经营活动。"

2016 年 1 月 25 日，湖南养天和大药房企业集团有限公司向北京市第一中级人民法院提起行政诉讼，状告国家食药监局。

2016 年 2 月 5 日北京市第一中级人民法院裁定"不予受理"养天和状告国家食药监局一案。

2016 年 2 月 6 日，国家食药监局表示将妥善解决电子监管码等历史遗留问题。

2016 年 2 月 20 日，国家食药监局发布《关于暂停执行 2015 年 1 号公告药品电子监管有关规定的公告》（2016 年第 40 号），公告称：鉴于食品药品监管总局已就落实国务院办公厅《关于加快推进重要产品追溯体系建设的意见》（国办发〔2015〕95 号）要求，对《药品经营质量管理规范》有关药品电子监管内容修订公开征求意见，现决定暂停执行食品药品监管总局《关于药品生产经营企业全面实施药品电子监管有关事宜的公告》（2015 年第 1 号）中药品电子监管的有关规定。

2016 年 2 月 22 日，湖南养天和大药房企业集团有限公司及李能董事长就药品信息码发表声明：鉴于国家食药监局对药品电子监管码问题的积极响应，我公司决定不再进行上诉。可以说，我公司试图通过诉讼解决的问题，目前已全部得到解决，继续诉讼已没有必要，故决定放弃上诉。

一、原告资格分析

本案原告是否具有原告资格呢？《行政诉讼法》第二十五条规定："行

政行为的相对人以及其他与行政行为有利害关系的公民、法人或者其他组织，有权提起诉讼。"

首先我们需要找出本案争议的行政行为。诉状中没有明确本案的行政行为具体类型，第一项诉讼请求被概括为"确认国家食药监总局强制推行电子监管码的行政行为违法"。强行推行电子监管码的行政行为是什么行为？结合本案的具体情形，国家食药监局是通过发布公告这种行为推行电子监管码的。

发布公告属于广义上的抽象行政行为，根据行政法基本理论，抽象行为分为行政立法和制定一般规范性文件的行为。国家食药监局有权发布部门规章，规章有自己的立法程序和形式要求，2015年1号公告和2016年40号公告在形式上不具有规章的特点，属于具有法律效力的规范性文件，属于行政法意义上的抽象行政行为。湖南养天和大药房企业集团有限公司属于这些行政规范性文件调整规范的对象，但不属于相对人范畴。相对人是针对某一具体的特定法律关系而言的，若是地方药监部门根据这些公告作出吊销其许可证，禁止其从事经营活动的行政决定，这时湖南养天和大药房企业集团有限公司才成为行政行为的相对人。

湖南养天和大药房企业集团有限公司不是行政相对人范畴，属不属于"有利害关系"的范畴呢？理解确立原告资格的利害关系标准，不能任意扩大到间接的利害关系。国家食药监局的公告并不直接针对养天和，公告要求的是所有的药品经营企业，公告没有直接侵犯到养天和的具体利益，这种间接的利害关系不属于《行政诉讼法》确立原告的有利害关系的范畴。

也就是说，即便因案情复杂先予立案，养天和最终也会因不具有原告资格被裁定驳回诉讼。

二、原告诉讼请求的分析

《行政诉讼法》第四十九条第三项规定，提起行政诉讼需要有具体的诉讼请求。原告在网上公布了行政诉状，有三项诉讼请求：① 请求法院确认国家食药监局强制推行电子监管码的行政行为违法；② 判令国家食药监局立即停止违法行为；③ 对国家食药监局制定的《药品经营质量管理规范》中关于药品电子监管的条款之合法性进行审查。

本案的诉讼请求是否属于请求具体明确呢？本案争议的行政行为被概括为强行推进电子监管码的行政行为。这一行为是不具体的，事实上，原告在后面的事实与理由部分也提到了，国家食药监局先后发布了十多个规范性文件推进电子监管码，这些文件有一般规范性文件，也有部门规章。《行政诉讼法》明确规定抽象行为不可诉，即便规定抽象行为可诉，本案的第一项诉讼请求也不够具体，国家食药监局推进电子监管行为，发布了为数众多的公告，还建立相应的电子监管网络，并与第三方合作推进电子监管码。这些行为究竟包含哪些行政行为，在原告未能明确概括提炼的情形下，法院是无法对这些行为进行合法性审查的。

第一项诉讼请求是不具体、不明确的，第二项所谓的判令停止违法行为也就无从谈起了。对于第三项请求，要求法院对《药品经营质量管理规范》中关于药品电子监管的条款之合法性进行审查。这一请求缺乏法理基础，不合基本法理，主要有两个方面：

第一，《行政诉讼法》第十三条明确规定，法院不受理公民、法人或者其他组织对行政法规、规章或者行政机关制定、发布的具有普遍约束力的决定、命令提起的诉讼。《药品经营质量管理规范》在性质上属于国家规章，请求法院审查规章的合法性，完全偏离了行政诉讼的宗旨和目的。规章的制定属于广义上的立法权，对规章具体规定有合理化建议的，《规章制定程序条例》第三十五条规定"国家机关、社会团体、企业事业组织、公民认为规章同法律、行政法规相抵触的，可以向国务院书面提出审查的建议，由国务院法制机构研究并提出处理意见，按照规定程序处理"。在行政诉讼中请求法院对规章条款的合法性进行审查没有法律依据。

第二，"一行为一诉讼"是行政诉讼的基本要求，在一个诉讼中不允许对多个行为进行诉讼。该案第一项请求就包含数目不明确的若干行政行为，第三项请求尽管明确却没有法律依据。《行政诉讼法》第五十三条第一款虽然规定了附带审查："公民、法人或者其他组织认为行政行为所依据的国务院部门和地方人民政府及其部门制定的规范性文件不合法，在对行政行为提起诉讼时，可以一并请求对该规范性文件进行审查。"但是这一条第二款明确规定"前款规定的规范性文件不含规章"。《药品经营质量管理规范》不属于可以审查的范围，因而该案三项请求完全没有法理依据，诉讼请求不具体不明确。

三、原告是在滥用诉权抑或巧用诉权吗

本案在行政诉讼法理层面是不可诉的，原告提起诉讼是不可能得到支持的。原告的诉权不同于胜诉权，原告认为行政机关某一做法不合法侵犯了自身的合法权益，可以提起诉讼，《行政诉讼法》第二条规定："公民、法人或者其他组织认为行政机关和行政机关工作人员的行政行为侵犯其合法权益，有权依照本法向人民法院提起诉讼。"

对于那些明显不具有起诉条件的，在立案阶段会被挡在诉讼之外。一段时间以来，在行政诉讼领域有立案难的问题，2015年5月1日最高人民法院发布了《关于人民法院推行立案登记制度改革的意见》，提出改革案件受理制度，变立案审查制为立案登记制，对人民法院依法应该受理的案件，做到有案必立、有诉必理，保障当事人诉权。

对于"有案必立、有诉必理"，经常被一些当事人片面理解，他们误以为所有的案件都会被立案，事实上，这一目标有一个明确的限定语"人民法院应该受理的案件，要求做到有案必立、有诉必理"。本案属于人民法院依法不应该予以受理的案件。

由于行政诉讼的复杂性，很难要求原告提出诉讼时的诉请都是法院应该受理的。在立案环节经过初步审查，对于那些明显不能立案的，立案庭

裁定不予受理就可以了。本案是有专业律师代理的行政案件，律师代理案件一方面有助于原告维护自身的合法权益，另一方面可以减少诉讼中沟通的阻隔，提高案件办理效率。在有专业律师代理的情况下，对于明显不能立案的，依然提起诉讼，律师在其中是否存在一定的职业道德风险值得关注。

对于律师代理那些明显不符合诉讼受理条件的案件，无论是《律师法》还是《律师执业道德与执业纪律规范》对此都没有明确的论述，应该说，律师的行为无须承担相应的法律责任。不过律师代理这样的案件还是有点道德瑕疵的，律师执业应该遵循诚实信用原则，应该客观地告知委托人委托事项可能出现的法律风险，在告知风险后当事人坚持起诉的，律师从事代理服务就没有任何问题了。

就本案而言，原告及其律师对于案件不会被立案受理应该是有较大心理准备的，通过分析案件一系列进程可以发现，原告真实目的是通过提起诉讼，辅助于媒体宣传让社会广泛知晓，简单地说就是期待通过诉讼把动静搞大一点。

2016年1月25日起诉，2016年1月26日养天和董事长就召开新闻发布会通告案件起诉情况，一时间网络媒体和平面媒体对案件进行了多角度梳理、报道与解读，这种行为突破了一般案件起诉的做法，尽管法律没有明确禁止性规定，客观上这样操作案件违背了司法独立的基本要求，原告非常规的做法对法官形成了事实上的影响，存在干扰法官独立判断的可能性。

行政诉讼目的是希望当事人通过诉讼维护自己的合法权益，本案当事人通过提起诉讼辅助媒体来个广而告之，养天和董事长在新闻发布会上说："在中国，除了吃法律饭和打假专业户之类，普通人谁愿意动不动打官司啊？何况'民告官'?！那更是风险大、代价高、后果难预料。因此，起诉国家食药监局，实属迫于无奈。"在递交诉状后，法院还没决定是否立案之前，召开这样的新闻发布会，打出这样的悲情牌，这样的起诉背离了行政诉讼正常的轨道。原告说起诉是迫于无奈，这样渲染很容易让社会大众产生一个先验的判断：这个案件人民法院应该给当事人一个说法。

原告行为能否被认定为滥用诉权呢？一般情况下滥用诉权可以从以下几个方面综合判断：①是不是追求不法利益；②是不是多次不当行使诉权；③是不是有一定的主观恶意。综合本案情形来看，原告追求利益不能简单地认定为非法或不法利益，实际上原告追求的利益具有很强的公益属性。原告也不存在多次起诉问题，尽管在法院裁定不予立案后曾一度声称上诉，后来很快发表声明不上诉。原告诉讼行为存在一定的瑕疵，但不能认定有什么恶意，更多的是表达对国家食药监局选择与阿里健康合作强行推进电子监管码不满。因而认定原告滥用诉权不能成立，原告更多的是"巧用"诉权，当然这种"巧用"有一定的瑕疵。

四、案涉两则公文的法律性质分析

梳理原告的诉状，可以看出有两则公文是引发原告起诉的关键因素。一则公告是2015年12月30日，国家食品药品监督管理总局发布的《关于未通过新修订〈药品经营质量管理规范〉认证企业停止经营的公告》（第284号，下文简称284号公告）规定，"自2016年1月1日起，凡是未通过新修订药品GSP认证的药品经营企业，一律停止药品经营活动"。

另一则公告是国家食品药品监督管理总局办公厅发布《关于全面监督实施新修订〈药品经营质量管理规范〉有关事项的通知》（第176号通知，下文简称176号通知），要求各省、自治区、直辖市和新疆生产建设兵团的食品药品监督管理局，"对未通过新修订药品经营质量管理规范（药品GSP）认证的药品经营企业逐一核查，督促其切实停止药品经营活动。对药品经营许可证到期，仍未通过认证的企业，必须取消其药品经营资格，依法注销其药品经营许可证"。

284号公告与176号通知是什么性质的文件？在本案中起何种作用呢？

首先分析284号公告。根据《国家行政机关公文处理办法》规定：行政机关的公文，是行政机关在行政管理过程中形成的具有法定效力和规范体式的文书，是依法行政和进行公务活动的重要工具。行政机关的公文有若干种类，公告是其中的第三种，公告的适用情形是：向国内外宣布重要事项或者法定事项。

媒体报道解读认为284号公告是抽象行为不可诉，但根据新的《行政诉讼法》可以对284号公告提起附带审查，综合起来分析，这种认识不符合实际情况。

284号公告是规章吗？发布284号公告主体有权发布规章，但284号公告不是规章。规章有其自身的形式要求，规章的名称一般称"规定""办法"，规章的内容通常是立法意义上的条款，规章所规定的内容创设具体的特定的法律关系，有明确的权利义务要求。

284号公告不是规章，是一般规范性文件，是抽象行政行为吗？乍一看，把284号公告理解为一般规范性文件好像有道理。"自2016年1月1日起，凡是未通过新修订药品GSP认证的药品经营企业，一律停止药品经营活动"的规定好像符合一般规范性文件的特点，规定的对象具有不特定性，停止经营活动不是针对特定对象的，它适用条件是凡未通过新修订药品GSP认证的药品经营企业，这个调整的对象是开放的、不特定的，只要符合条件的都是公告调整的对象。另外，这一规定可以反复适用。

仔细分析，这样的判断缺乏法理支持，284号公告中的"公告"有明确的适用范围。"公告适用于向国内外宣布重要事项或者法定事项。"公告是"宣布"而非制定或规定，也就是说，公告没有做出具体的涉及相对人权利义务的内容。不涉及设定或规定相对人具体的权利义务的，不能把公告纳入规范性文件的范畴。公告中提及的未通过GSP认证的企业一律停止经营活动，并不是该公告设定的。公告一开始指出，"根据《国家食品药品监督管理总局关于贯彻实施新修订〈药品经营质量管理规范〉的通知》（食药监药化监〔2013〕32号）有关要求"，也就是说停止经营活动的要求是在"食药监药化监〔2013〕32号"中规定的，284号公告只是在宣布这一规定，起到广而告之的效果。

至于当时食药监药化监〔2013〕32号通知中明确规定"2015年12月31日前，所有药品经营企业无论其药品经营许可证和药品经营质量管理规范认证证书是否到期，必须达到新修订药品GSP的要求。自2016年1月1日起，未达到新修订药品GSP要求的，不得继续从事药品经营活动"，是不是合法则是另外一个问题。

至此，可以清楚地得出284号公告只是一个不涉及相对人权利义务的公告，很难独立地成为药监部门执法的依据，其本身不可诉，也不属于附带审查的规范性文件的范畴。

176号通知的性质就更加清晰了，是国家食品药品监督管理总局办公厅发布的，对象是各省、自治区、直辖市和新疆生产建设兵团的食品药品监督管理局，是内部行政的范畴，是布置工作任务性质的，属于内部行政，不是针对相对人设定义务，不会成为后续行政监管或行政处罚的政策法规依据，因此176号通知不属于案件争议的对象。

因而，即便案件进入实质审理，原告在诉状中提及的两则公文也不属于行政诉讼可附带审查的内容。

五、被告是在限制竞争吗

原告诉求的重要内容之一是被告存在限制竞争的行为，诉状事实与理由部分第一条指出：被告推广中信21世纪运营的电子监管网经营业务的行为，违反了《反不正当竞争法》和《反垄断法》的规定。

被告的行为是不是违背了《反不正当竞争法》以及《反垄断法》？我们先梳理一下被告被诉的行政行为是什么。被告的行为被概括为两方面：一方面对中信21世纪（后被阿里健康信息技术有限公司收购，简称"阿里健康"）运营的中国药品电子监管网经营业务进行推广，要求所有药品生产企业向电子监管网的经营者交费入网赋码，要求所有药品经营企业对药品进库出库扫码上传至中信21世纪运营的中国药品电子监管网；另一方面要求所有的药品生产及销售企业都要上传生产及销售数据至中信21世纪运营的电子监管网。

对于国家食药监局行为是如何违背《反不正当竞争法》和《反垄断法》的，原告没有展开说明，用了一个"无疑违背了前述反不正当竞争法和反垄断法的规定"。原告声称的"无疑"未必就真的无疑，这么重要的结论需要清晰的说理才能使人信服，才有说服力。选择中信21世纪合作推广的药品电子监管网不存在什么不正当竞争或是垄断什么的，原告没有从事有关电子监管网有关方面的经营活动，根本不存在什么同业竞争一说，也无所谓垄断的判断。

对于要求所有药品生产企业向电子监管网的经营者交费入网赋码，要求所有药品经营企业对药品进库出库扫码上传至中信21世纪运营的中国药品电子监管网，这也无关什么不正当竞争或是垄断的问题。国家食药监局选择了电子监管网合作推进电子监管职能，上传相关数据是进行电子监管的必然内容，无所谓限制竞争之类的问题。

当然原告的不满并非是无理由的，既然推进电子监管由最初的市场行为转变为国家行政监管行为，在费用问题上让药品经营企业承担就缺乏合法性，政府的监管行为运营成本就应该由政府行政机关承担，在推广电子监管中无论中信21世纪是否以营利为目的，只要收取企业的费用都是不合适的，电子监管既然是行政行为，其成本就该由财政负担。

原告在诉状中提及的"阿里健康除了通过运营电子监管网的各项收费获利以外，它的业务范围还包括药品销售"，这一点被告的行为确实违背了公平竞争的要求，因同行经营数据信息全部上传监管网，如果监管方从事相关业务必然会处于有利地位，无论阿里健康是否实际利用这些数据谋利都不能改变其他药品经营企业处于不利地位的事实。

没有把电子监管网运营业务从阿里健康中剥离，这一点国家食药监局做法确实不妥，涉嫌违法。

六、被告可以选择中信21世纪[①]进行合作推进药品电子健康码吗

原告认为：被告交由中信21世纪运营电子监管网业务的行为，违反了《招标投标法》的规定。理由引用了2000年1月1日起施行的《招标投标法》第三条规定，"……大型基础设施、公用事业等关系社会公共利益、公安全的项目"的建设，"必须进行招标"。

被告选择中信21世纪运营电子监管网业务是什么行为呢？是否属于《招标投标法》第三条中的"大型基础设施、公用事业等关系社会公共利益、公众安全的项目"的建设呢？招标投标法没有对大型基础设施、公用事业作概念性规定，但电子监管的运维肯定不能归为基础设施和公用事业的范畴。国家发展改革委关于印发《必须招标的基础设施和公用事业项目范围规定》的通知中明确列举了必须招投标的范围，包括："（一）煤炭、石油、天然气、电力、新能源等能源基础设施项目；（二）铁路、公路、管道、水运，以及公共航空和A1级通用机场等交通运输基础设施项目；（三）电信枢纽、通信信息网络等通信基础设施项目；（四）防洪、灌溉、排涝、引（供）水等水利基础设施项目；（五）城市轨道交通等城建项目。"这可作为参考。

很显然不能把国家食药监局与中信21世纪进行合作推进药品电子监管码的行为理解为基础实施或公用事业建设。

那可不可以认为是一种行政权委托呢？从行政权的委托角度理解这一关系比较合乎法理。推广电子监管码不管是否符合药品监管法的基本精

[①] "中信21世纪"被"阿里"收购后改为"阿里健康"。在监管码争议案中，前半场争议方是"中信21世纪"，后半场争议方因被"阿里"收购变更为"阿里健康"。

神,很长一段时间以来的事实上已经成为国家食药监局行政监管职权的重要内容,属于国家行政权的范畴。商事主体中信21世纪因其运维的相关网络技术服务业务与国家药品行政监管目标有着某种程度的关联性和一致性,被国家食药监局选为合作方。在被选为合作方后,上传监管码的要求和管理就不再是商业行为,而转化为国家行政行为了。

行政权的委托在法律规范层面没有太多的禁止性限制,结合行政处罚、行政收费等领域的实践和一般委托的法理,行政权的委托要更有利于行政权目标的实现,对接受委托的组织应该要有从事相关委托行为相适应的技术条件以及专业技术人员,委托机关要对受委托组织行为负责,对其不当的行为承担法律后果。

由此看来,原告所主张的国家食药监局选择中信21世纪违背了《招投标法》相关规定的理解不合法理,其把运维电子监管网理解为一项有重大利益的公用事业建设了。

但有一点是需要明确的,既然是国家行政权的行使,就不应该对相应的被监管方收取相关费用,国家行政权的运营成本不能任意转嫁给被监管对象。

七、被告行为是变相地设定许可吗

原告在诉状里声称:在《药品管理法》对药品包装作了明确规定的情况下,被告在其制定的药品经营质量管理规范中,却越权增加了关于电子监管的规定,在药品经营企业获得药品经营质量管理规范认证的行政许可中增设了关于电子监管的规定,不仅要求药品生产企业在药品最小包装上加印或加贴电子监管码,并要求药品流通企业在药品入库、出库时扫码上传数据,并以此作为对企业通过认证的条件,企业达不到药品电子监管码的要求就不给予认证,取消企业经营资格。这显然也是违反了《行政许可法》的规定的。需要特别注意的是,2015年4月24日发布的新修订的

《药品管理法》依然没有加入"药品电子监管"的内容,被告制定的药品经营质量管理规范在"电子监管"方面仍然没有上位法依据。

这里有两个问题需要明确:第一,被告的行为是在设定行政许可吗?第二,被告这种行为可诉吗?

本案争讼的《药品经营质量管理规范》是卫生部于2013年1月22日发布的第90号令,是典型的部门规章。

根据《行政许可法》的规定,部门规章是无权设定行政许可的。《行政许可法》第十六条规定:"……规章可以在上位法设定的行政许可事项范围内,对实施该行政许可作出具体规定。法规、规章对实施上位法设定的行政许可作出的具体规定,不得增设行政许可;对行政许可条件作出的具体规定,不得增设违反上位法的其他条件。"作为《药品经营质量管理规范》上位法《药品管理法》中没有电子监管码的相关规定,如果认定"药品最小单位必须赋包装电子监管码"属于行政许可或变相许可,那法理上,国家食药监局要求药品包装赋电子监管码的规定就是违法的。

增设电子监管码是不是行政许可呢?《行政许可法》第二条规定:"本法所称行政许可,是指行政机关根据公民、法人或者其他组织的申请,经依法审查,准予其从事特定活动的行为。"药品企业的生产经营活动都需要依法审查,在颁发经营许可证后才可以进行相应的经营活动。《药品经营质量管理规范》没有明确在药品包装上赋电子监管码是不是行政许可,但却规定了执行电子监管的规定,在国家食药监局一系列公告和规定中明确了,不在药品最小单位包装上赋电子监管码,是无法通过GSP认证的,未获得GSP认证的企业一律停止经营活动。一个获得经营许可证的药品经营企业因没有赋电子监管码这一条件,其合法的经营许可证就失去了效力。因此,从实质上可以认定赋电子监管码就是在药品经营许可证法定条件之外增设的许可条件,属于行政许可范畴。《药品经营质量管理规范》以及国家食药监局发布的为数众多的公告、规定中有关要求药品经营企业在药品包装上赋电子监管码的规定是违背《行政许可法》的。

问题是国家食药监局即便是违背了《行政许可法》的规定，也不是本案审查的对象。新修订的行政诉讼法虽把以前第二条中的具体行政行为修改为行政行为，并不意味着一切行政行为都是可诉的。在第十三条中明确规定了行政法规、规章或者行政机关制定、发布的具有普遍约束力的决定、命令不属于行政诉讼受理的事项。

因而，原告主张的"被告强推中信21世纪运营的电子监管网经营业务的行为，违反了行政许可法的规定"没有意义，这超出了司法审查的范围。

八、原告诉讼达到预期目的了吗

2016年2月22日，养天和大药房通过官方网站发布声明："鉴于国家食药监局对药品电子监管码问题的积极响应，我司决定不再进行上诉。可以说，我公司试图通过诉讼解决的问题，目前已全部得到解决，继续诉讼已没有必要，故决定放弃上诉。"

原告的诉请是不是真如声明所说的全部得到了解决？这个需要对照国家食药监局的后续措施与诉请一致性程度来判断。

在声明中，原告提到了国家食药监局的后续措施主要有：国家食药监局通过其官网发布了《食品药品监管总局表示将妥善解决电子监管码等历史遗留问题》、《食品药品监管总局公开征求对药品经营质量管理规范修订的意见》和《关于暂停执行2015年1号公告药品电子监管有关规定的公告》（2016年第40号）有关药品电子监管码的信息。

《食品药品监管总局表示将妥善解决电子监管码等历史遗留问题》提及了"我局注意到媒体对湖南养天和大药房企业集团有限公司就实施药品电子监管码起诉食品药品监管总局的报道，并就此专门召开座谈会听取了各方面意见"。国家食药监局这一表态说明养天和诉讼的价值，引起了国家食药监局对电子监管码问题的重视与评估。

> 案例 3
> 养天和诉国家食品药品监督管理总局行政处罚案

《食品药品监管总局表示将妥善解决电子监管码等历史遗留问题》指明了后续措施:"根据国务院办公厅 2015 年 12 月印发的《关于加快推进重要产品追溯体系建设的意见》要求,建立健全食品药品追溯管理制度是食品药品生产经营企业的主体责任,所有食品药品生产经营企业都必须对其生产和销售的产品做到来源可查、去向可追,并承担全部法律责任。食品药品监管部门可以给予必要指导。"

也就是说,所有的药企对其生产和销售的产品。要做到"来源可查、去向可追",否则要承担全部的法律责任。理性告诉我们,药企除了运营互联网大数据技术给自己的产品赋码,进行连续的核注核销,否则根本不可能完成这一目标。对比各企业各自完成自身产品的追溯系统与各药企统一上传电子监管网,由国家统一运维电子监管网,其效果要差很多,其成本要大很多。

一种可能就是这一追溯体系流于形式无法真正地做起来,一旦发生问题最终无法追溯或者动员整个社会参与追溯,产生巨大成本。另一种可能,国家最终还是要建立统一运维的电子监管系统,这是大数据时代给监管提供的更有效的监管手段,是顺势而为的有效监管措施。

梳理整个电子监管码制度争议的前前后后,明显地感觉到一副好牌被打烂了。至于原告所说的其诉请都得到了解决,更多的是文字游戏而已。电子监管码要解决的药品追溯问题不仅没有停止,而且要进一步加强,从药品领域展开到重要产品,都须建立追溯体系。

在这一过程中,国家食药监局提及的妥善解决电子监管码等历史遗留问题,不是电子监管码制度的失败,而是电子监管码制度的一次提升。药品电子监管码制度担当了制度改革先行先试的角色。

分析原告的所有诉请与活动可以发现,原告并不反对药品追溯管理,甚至也不反对药品电子监管这种形式。原告真正反对的是由"阿里健康"一家同行运营这一系统,并且反对这项制度的有偿运管。

这不该是一个很难解决的问题,电子监管网理应独立运营,既然业界普遍反对由"阿里健康"运营，国家食药监局完全可以通过整体征购"阿里健康"这一块的电子监管业务，让其独立运营成为国家食药监局下属的纯事业单位。

电子监管码成为药品经营许可的实质性条件，这在当下法律条件下是缺乏合法性的，这一点完全可以提请全国人大常委会修改《药品管理法》予以解决。

众多药企不满意的是被要求承担推进电子监管码制度带来的巨大成本，这一点国家食药监局可以有更好的制度安排，这项非营利性的制度运营有利于整个社会，其成本由财政负担是合乎自然法理的。如果能得到专项财政的支持，推进这一项目的困难应该小很多。

监管制度的改革需要整体顶层设计，这种顶层设计不是凭空产生的，应该是基于对当下制度的完善与提升。遗憾的是，由于种种因素的作用，电子监管码制度最终没能顺利地实现其可期待的巨大价值。原告在这一制度建设中所起的作用应该说是比较独特的，至于其诉请是不是都得到了实现只有原告自己明白。有一点可以肯定，在这场短暂的起诉过程中（说其短暂是因为这场诉讼其实也就是一个诉状、两场发布会，外加一场由律师事务所主持的专家讨论会），原告的美誉度、知名度大为提升，从宣传策划的角度看，这是一次成功的案例。

案例 4

上海苏华物业管理有限公司诉上海市住房和城乡建设管理委员会物业服务资质行政许可案[*]

为进一步体现对规范性文件的司法监督，提升全国法院的办案质量，最高人民法院从全国范围撷选了行政诉讼附带审查规范性文件的典型案例，于 2018 年 10 月 30 日上午 10：00 在最高人民法院全媒体发布厅召开新闻发布会，正式向社会公布。

其中"上海苏华物业管理有限公司诉上海市住房和城乡建设管理委员会物业服务资质行政许可案"（2015 年受理，2016 年终结）中的行政法理值得仔细分析。

最高人民法院概括本案的典型意义为：根据《行政许可法》的规定，法律法规已经设定行政许可的，下级行政机关可以依法通过制定规范性文件的方式明确许可所具备的条件。行政相对人对该规范性文件提起附带审查的，法院围绕该规范性文件与法律法规的规定是否存在冲突，制定主体、制定目的、制定过程是否符合规范，是否明显违法等情形进行审查。

---

[*] 本文涉及案件 https：//wenshu.court.gov.cn/website/wenshu/181107ANFZ0BXSK4/index.html?docId=3d5c714751f14ca3b9fa8741093baada。

规范性文件不存在违法情形的，应当在判决理由中予以认可，并在该案中进行适用。

本案中，人民法院通过判决明确了国家对从事物业管理活动的企业实行资质管理的制度，物业服务企业中从事物业管理的人员应当根据有关规定取得职业资格证书，且满足相应的人数标准。同时明确为了更好地提供物业管理服务，物业管理人员除具备职业资质以外，还应当具备服务的稳定性。原上海市房屋土地资源管理局作为物业服务企业资质的主管机关，根据上位法规定下发了《新设立物业资质通知》（沪房地资物〔2007〕69号），对《物业服务企业资质管理办法》中专职人员的认定标准进行了解释和细化规定，与行政许可法、物业管理条例等法律法规的规定不相冲突。

本案中有关"下级行政机关可以依法通过制定规范性文件的方式明确许可所具备的条件"以及"物业管理人员除具备职业资质以外，还应当具备服务的稳定性"的判断，是否合乎行政许可法的相关规定需要进一步分析。

一、本案没有明确归纳案件争议焦点

在一审以及二审裁判文书中，没有发现法庭对本案的争议焦点进行归纳。笔者认为，本案争议焦点可以概括为三个方面：第一，被告拒绝许可行为程序是否合法；第二，被告不予批准决定法律依据是否合法、充分；第三，原告请求附带审查的规范性文件是否合法，这一规范性文件能否作为行政行为的依据。

案件应该围绕争议焦点展开调查，因法院庭审没有概括争议焦点，再加上在裁判文书中说理的欠缺，不容易明白法院在审理什么问题。比如在二审裁判文书中出现"2015年5月4日发布的《住房和城乡建设部关于修改〈房地产开发企业资质管理规定〉等部门规章的决定》中第十条规定：

"删除《物业服务企业资质管理办法》(建设部令第164号)第五条第一项中的'1. 注册资本人民币500万元以上'。删除第二项中的'1. 注册资本人民币300万元以上'。删除第三项中的'1. 注册资本人民币50万元以上'。"这一段法律规范的援引和本案审理什么关系就缺乏清晰概括与说理。

取消成立物业管理企业注册资本的相关规定与本案什么关系?是不是因为原告一开始注册资本没达到要求?现在注册资本的要求取消了和被告不予资质核定之间什么关联?注册资本的变化和被告行为合法性之间关联大吗?因没有归纳争议的焦点,这些问题与本案需要查明的问题之间的联系变得有些模糊不清。

二、对"不予批准决定"行为程序是否合法的分析

一审中原告提出:"原告于2015年6月15日即向上海市浦东新区建设和交通委员会窗口递交了物业服务企业暂定三级资质申请的全部材料。但被告没有出具相关书面的受理案件的材料。"原告主张案件应该从2015年6月15日起算,这样依据行政许可法的规定,被告于2015年7月9日作出决定就超过了法定期限,超过法定期限属于程序违法的范畴。

原告递交的证据有:(1)2015年6月8日上海市社会保险事业基金结算管理中心出具的苏华物业公司参加城镇社会保险基本情况;(2)2015年7月9日被告市住建委作出的不予批准决定书;(3)照片影印件;(4)建复决字〔2015〕454号行政复议决定书。这些证据无法证明原告是2015年6月15日递交的材料。

在二审中,法院认为"苏华公司主张原市房管局受理日期应为2015年6月15日,与现有证据不符"。

问题出现了,该案究竟是什么时候受理的?或者说原告主张的案件材料是2015年6月15日递交到窗口的这一事实是否属实,究竟该由谁提供

证据？

2015年《行政诉讼法》第三十四条规定："被告对作出的行政行为负有举证责任，应当提供作出该行政行为的证据和所依据的规范性文件。被告不提供或者无正当理由逾期提供证据，视为没有相应证据。"第三十七条规定："原告可以提供证明行政行为违法的证据。原告提供的证据不成立的，不免除被告的举证责任。"

如果存在原告递交材料到窗口这一事实，被告在不出具相关书面收件材料的情况下，原告是无法证明案件受理日期的，这一证明责任显然是被告的责任。被告应该出具收取案件材料存根，证明案件受理日期，这种举证对被告来说也是件非常容易的事情。

奇怪的是被告出具的证据材料中也不含有案件受理日期的材料。只是主张案件是2015年7月2日受理的，这一主张得到了法院的支持。从一审的裁判文书列明的被告递交的证据材料可以证明被告没有案件受理日期的相关证明材料。

一审判决书中列明被告递交的证据有：（1）苏华物业公司营业执照；（2）苏华物业公司法定代表人身份证明；（3）2015年6月8日上海市社会保险事业基金结算管理中心出具的苏华物业公司参加城镇社会保险基本情况；（4）苏华物业公司专业人员名单及参加城镇基本养老保险情况；（5）朱彩云等人职业资格证明及劳动合同；（6）上海市社会保险事业管理中心浦东分中心出具的情况说明；（7）2015年7月10日原告委托代理人签收的不予批准决定书；（8）原告委托材料。

由被告证明许可案件是何时受理的是理所应当的，事实上，若被告不出具相关书面受理凭证，原告是无法证明这一时间的，除非一开始原告就预估到案件受理时间会成为案件争议的焦点，并且具有很强的证据意识进行证据收集，比如自行录像或邀请律师进行见证或公证机构进行公证。这样要求原告在提出物业资质申请之初，就要准备收集被告程序违法的证据没有法理依据，也不合常情。

案例 4
上海苏华物业管理有限公司诉上海市住房和城乡建设管理委员会物业服务资质行政许可案

法院在这种情况下直接认定"苏华公司主张原市房管局受理日期应为2015年6月15日，与现有证据不符"。没能进一步审查原告的第一项主张"被告行为超过了法定期限"是不合行政许可法以及行政诉讼法的相关规定的。

《行政许可法》第三十二条规定："行政机关对申请人提出的行政许可申请，应当根据下列情况分别作出处理：（一）申请事项依法不需要取得行政许可的，应当即时告知申请人不受理；（二）申请事项依法不属于本行政机关职权范围的，应当即时作出不予受理的决定，并告知申请人向有关行政机关申请；（三）申请材料存在可以当场更正的错误的，应当允许申请人当场更正；（四）申请材料不齐全或者不符合法定形式的，应当当场或者在五日内一次告知申请人需要补正的全部内容，逾期不告知的，自收到申请材料之日起即为受理；（五）申请事项属于本行政机关职权范围，申请材料齐全、符合法定形式，或者申请人按照本行政机关的要求提交全部补正申请材料的，应当受理行政许可申请。行政机关受理或者不予受理行政许可申请，应当出具加盖本行政机关专用印章和注明日期的书面凭证。"

案件原告主张不能提供案件受理的凭证，是因为被告没能出具书面凭证。被告递交的证据材料中没有出具受理案件的存根材料。这种情形下按照2015年6月15日计算案件受理日期更合乎行政许可的精神。

《行政诉讼法》第四十条规定："人民法院有权向有关行政机关以及其他组织、公民调取证据。但是，不得为证明行政行为的合法性调取被告作出行政行为时未收集的证据。"人民法院完全可以调查2015年6月15日被告服务窗口录像，现在的服务大厅通常都是有录像的，即便大厅没有，大厅门口通常是有录像的，法院查证原告2015年6月15日是否存在递交相关材料这一事实，不是为了证明被告违法，也不属于证明行政行为合法性的调查。法院有义务也有权力查明案件何时受理这一事实，因为搞不清原告什么时候申请的事实，就无法审理被告是否存在超期办案的情形。

遗憾的是，法院以"苏华公司主张原市房管局受理日期应为 2015 年 6 月 15 日，与现有证据不符"处理了原告的第一项诉讼请求，这一司法过程与行政诉讼法以及相关司法解释的规定并不完全一致。

三、本案法律适用中两个具体问题的分析

1.《物业服务企业资质管理办法》第五条第（三）项第 1 目已经废止，不能作为本案的依据。据此作出的决定缺乏法理基础。

被告市住建委认定原告苏华物业公司于 2015 年 7 月 2 日提出新设立物业服务企业资质申请，因不符合《物业服务企业资质管理办法》第五条第（三）项第 1 目和第七条以及《上海市房地资源管理局关于新设立物业管理企业资质审批有关事项的通知》（以下简称《新设立物业资质通知》）第一条的规定，决定不予批准。

《物业服务企业资质管理办法》第五条第（三）项第 1 目"三级资质：1. 注册资本人民币 50 万元以上。"

《物业服务企业资质管理办法》第七条规定："新设立的物业服务企业，其资质等级按照最低等级核定，并设一年的暂定期。"

从案件裁判文书可以得出，原告是新设立的物业服务企业，其申请的是三级资质。被告市住建委不予批准原告申请的一个理由是不符合《物业服务企业资质管理办法》第五条第（三）项第 1 目和第七条，也就是被告认为原告没能提供注册资本人民币 50 万元以上的材料。

在一审判决中有这么一段："又查明，2015 年 5 月 4 日发布的《住房和城乡建设部关于修改〈房地产开发企业资质管理规定〉等部门规章的决定》中第十条规定："删除《物业服务企业资质管理办法》（建设部令第 164 号）第五条第一项中的'1. 注册资本人民币 500 万元以上'。删除第二项中的'1. 注册资本人民币 300 万元以上'。删除第三项中的'1. 注册资本人民币 50 万元以上'。"

> 案例 4
> 上海苏华物业管理有限公司诉上海市住房和城乡建设
> 管理委员会物业服务资质行政许可案

这段话什么意思呢？很明显，被告不予批准原告申请的第一个法律依据不成立，也就是说其存在法律适用错误的情形。被告作出不予申请决定是 2015 年 7 月 9 日，实际上在 2015 年 5 月 4 日发布的《住房和城乡建设部关于修改〈房地产开发企业资质管理规定〉等部门规章的决定》中第十条规定，已经删除了《物业服务企业资质管理办法》（建设部令第 164 号）第五条第三项中的"1. 注册资本人民币 50 万元以上"。被告适用已经被删除的规章内容作出决定，这是很严重的违法行为，属于适用法律错误。

无论是一审还是二审都没有在这一问题上深究下去，其实仅这一点就可认定被告不予批准的决定适用法律错误，依据明显不足。

2015 年《行政诉讼法》第七十条规定："行政行为有下列情形之一的，人民法院判决撤销或者部分撤销，并可以判决被告重新作出行政行为：（一）主要证据不足的；（二）适用法律、法规错误的；（三）违反法定程序的；（四）超越职权的；（五）滥用职权的；（六）明显不当的。"

本案被告适用已经被删除的规定，明显属于适用法律、法规错误，被告唯一可以辩解的是删除的规范不是法律也不是法规而是规章，因而不能适用撤销判决。

如此理解与辩解不符合行政法一般法理。这里的法律、法规显然是广义上的法律规范，包括规章。本案被告的不予批准原告资质申请的行为就是根据规章的相关规定来作出的，不存在狭义上的法律法规的直接依据。问题出在这些规章的规定被删除了，作为具有法定管理职权的机关却不适用新的规定，适用已经被删除的规范作出不予批准的决定显然是违法的。

2.《新设立物业资质通知》第一条的规定法理基础不充分。

被告作出不予批准决定的另一个依据就是《新设立物业资质通知》第一条的规定。如果这一条也不成立，那被告的行为就完全没有依据了，我们看看这一条原文究竟是如何规定的。

《新设立物业资质通知》其实非常短，无所谓第几条之说，通知一共就两点：第一点是"新设立物业管理企业中物业管理专业人员以及工程、管理、经济等相关专业类的专职管理和技术人员，应是该企业与其签订劳动合同并为其缴纳社会保险费或者综合保险费的专职人员"。

本案中"原告提交了其聘用的王子文等人具备专业管理资质和技术资质的证书，及原告为其缴纳城镇基本养老保险的证明。后被告市住建委经调查发现，原告聘用的专职管理和技术人员于同年5月起作为苏华物业公司员工缴纳社会保险费用，但于次月即停止缴费"。

在这一《新设立物业资质通知》的审查中，法院的审查与现有法律的规定明显不一致。

首先，《新设立物业资质通知》无权设定有关许可事项。二审判决中有这么两段话，一段为"本案中苏华公司申请新设立物业服务企业资质核定，其申请的内容及提供的证明材料应当符合法律法规、行政规章及其他规范性文件所规定的许可条件"。

法院这一段说理提及"其他规范性文件所规定的许可条件"，这一说理有悖于行政许可法的相关规定。

《行政许可法》第十六条规定："行政法规可以在法律设定的行政许可事项范围内，对实施该行政许可作出具体规定。地方性法规可以在法律、行政法规设定的行政许可事项范围内，对实施该行政许可作出具体规定。规章可以在上位法设定的行政许可事项范围内，对实施该行政许可作出具体规定。法规、规章对实施上位法设定的行政许可作出的具体规定，不得增设行政许可；对行政许可条件作出的具体规定，不得增设违反上位法的其他条件。"第十七条规定："除本法第十四条、第十五条规定的外，其他规范性文件一律不得设定行政许可。"

《行政许可法》规定得清清楚楚，对于许可的实施规章可以作出具体规定，其他规范性文件一律不得设定行政许可，即便是规章也只能对实施上位法作出具体规定，不得增设行政许可。

结合到本案，需要明确物业管理企业资质管理方面的上位法是什么，

案例 4
上海苏华物业管理有限公司诉上海市住房和城乡建设管理委员会物业服务资质行政许可案

相关规章是如何就实施上位法相关内容作进一步具体规定的,案涉《新设立物业资质通知》的规定又是如何违法设定许可条件的,这些都需要细致分析。

物业企业资质许可上位法是国务院的行政法规《物业管理条例》,案涉行政行为发生在 2015 年,当时对应的《物业管理条例》是 2007 年修订的。《物业管理条例》(2007 年修订)第三十二条规定:"从事物业管理活动的企业应当具有独立的法人资格。国家对从事物业管理活动的企业实行资质管理制度。具体办法由国务院建设行政主管部门制定。"

相应的规章细化了三级物业资质企业的申请条件。而案涉的上海市住建局制订的《新设立物业资质通知》属于一般规范性文件,增设了三级物业资质,需要为相关管理和技术人员缴纳社保的实质性条件明显不符合《行政许可法》的规定。

其次,法院提及的物业管理人员除具备职业资质以外,还应当具备服务的稳定性,应该没有法律依据。法院在判决中支持被告的辩解:为了更好地提供物业管理服务,物业管理人员除具备职业资质以外,还应当具备服务的稳定性,为相关人员缴纳保险就是满足稳定性的要求。

设定许可法定原则是《行政许可法》最基本的原则之一,实施机关不可以任性地理解增设许可条件。行政法规、规章提出的是专业性原则,没有提及稳定性原则,行政主管部门不可以任性以稳定性为由增加缴纳社保保险条款,尽管增设这一条件存在一定的合理性。

根据《物业管理条例》的规定,建设部制定规章就具体实施物业企业资质管理制度作出具体规定,《物业服务企业资质管理办法》第三条规定物业服务企业资质等级分为一、二、三级;第五条规定了一、二、三级物业企业成立条件。

具体到本案,原告属于新设物业服务企业,也就是三级物业资质,根据《物业服务企业资质管理办法》第六条规定:新设立的物业服务企业应当自领取营业执照之日起 30 日内,持下列文件向工商注册所在地直辖市、设区的市的人民政府房地产主管部门申请资质：（1）营业执照；（2）企业章程；（3）验资证明；（4）企业法定代表人的身份证明；（5）物业管理专业人员的职业资格证书和劳动合同，管理和技术人员的职称证书和劳动合同。因注册资本人民币50万元以上的规定已被明确取消，实际上成立三级物业服务企业就是要提交另四项材料。

无论是行政法规《物业管理条例》还是规章《物业服务企业资质管理办法》，都没有提出物业服务稳定性的要求。《新设立物业资质通知》为了所谓的服务的稳定性目的，在规章规定的劳动合同基础上增设了"并为其缴纳社会保险费或者综合保险费的实质性许可条件"，不应该得到法院的支持。

四、原告的附带审查《新设立物业资质通知》合法性的请求被弱化了

原告认为《新设立物业资质通知》不合法，请求法院对该规范性文件进行合法性审查。无论是一审法院还是二审法院都没有对该《新设立物业资质通知》合法性进行专门的审查，只是阐明了该《新设立物业资质通知》是对《物业服务企业资质管理办法》中专职人员的认定标准进行了解释和细化规定，与《行政许可法》《物业管理条例》等法律、法规的规定不相冲突，制定主体、制定目的、制定过程符合规范，并无明显违法情形。

该《新设立物业资质通知》是上海市房屋土地资源管理局制定的，对于制定机关缘何把上位法中要求的"管理和技术人员的职称证书和劳动合同"扩展到"签订劳动合同并为其缴纳社会保险费或者综合保险费"，法院没有做进一步专项审查，直接接受了被告的物业服务企业应当具备服务稳定性的说理。

是否为员工缴纳社保与服务的稳定性显然是两个概念，当下用人单位不为员工缴纳社保的情形并不少见，不能因没交或只交了一个月社保就得出其成立后的服务稳定性有问题的结论。制定机关把这两者相关联，应该

要求制定机关说明把"服务稳定性"与"缴纳社保"进行捆绑的合法性及其依据何在。直接接受被告的主张,实质上忽略了原告附带审查的请求,这一点不合乎行政诉讼法有关附带审查的精神。

五、案件所追求和支持的物业分级管理制度本身与行政许可法内在法理并不完全一致

本案一个深层的价值考量:物业服务企业资质分级管理制度的合法性及其合理性的问题。根据《物业服务企业资质管理办法》,物业服务企业资质等级分为一、二、三级。

让我们分析一下三级物业资质条件差异。

(1) 第一个差异是注册资本的差异。

级别	注册资本要求
一级	人民币 500 万元以上
二级	人民币 300 万元以上
三级	人民币 50 万元以上

对于这一项差异因企业注册资本认缴制度的改革,住建部在 2015 年 5 月 4 日发布的《住房和城乡建设部关于修改〈房地产开发企业资质管理规定〉等部门规章的决定》中废除了注册资本这一条件要求。

(2) 第二个差异是管理人员的差异,主要体现在人数上。

级别	专职管理和技术人员	中级以上职称的人员	工程、财务等业务负责人	物业管理专业人员
一级	不少于 30 人	不少于 20 人	中级以上职称	取得职业资格证书
二级	不少于 20 人	不少于 10 人	中级以上职称	取得职业资格证书
三级	不少于 10 人	不少于 5 人	中级以上职称	取得职业资格证书

物业管理师资格证、物业管理师注册证这两个许可类资格证的直接依据是《物业管理师制度暂行规定》。其中的第三条:"本规定所称物业

管理师，是指经全国统一考试，取得《中华人民共和国物业管理师资格证书》，并依法注册取得《中华人民共和国物业管理师注册证》，从事物业管理工作的专业管理人员。"第四条："国家对从事物业管理工作的专业管理人员，实行职业准入制度，纳入全国专业技术人员职业资格证书制度统一规划。"

2015年2月24日，《国务院关于取消和调整一批行政审批项目等事项的决定》（国发〔2015〕11号）中取消了"物业管理师注册执业资格认定"。2016年6月8日，《国务院关于取消一批职业资格许可和认定事项的决定》（国发〔2016〕35号）中取消了"物业管理师"准入类资格。物业管理人员需要取得资格证和注册证的规定已经被国务院取消。

本次典型案的发布是2018年10月30日，支撑物业企业资质分级管理的物业管理人员资格证管理的制度已经早在三年前被废止。物业管理人员资格证管理制度被废除，使得整个物业企业资质分级制度的合法性受到了较大冲击，在这种情形下，《新设立物业资质通知》要求物业企业管理人员不仅要有相应的资格证，还额外地强化附加连续缴纳社保的作为取得物业企业资质条件的规范性文件，法理依据明显不足。

（3）第三个差异是业绩上的差异。

级别	业绩要求
一级	管理两种类型以上物业
二级	管理两种类型以上物业
三级	有委托的物业管理项目

三级物业服务企业都需要建立并严格执行服务质量、服务收费等企业管理制度和标准，建立企业信用档案系统。

对于区别物业服务企业资质的三个主要条件，第一个条件差异实际上已经废除，第二个差异中物业管理人员资格证和注册证管理制度已经被国务院废除。

设定行政许可，应当遵循经济和社会发展规律，有利于发挥公民、法人或者其他组织的积极性、主动性，维护公共利益和社会秩序，促进经济、社会和生态环境协调发展。

《行政许可法》规定："通过下列方式能够予以规范的，可以不设行政许可：（一）公民、法人或者其他组织能够自主决定的；（二）市场竞争机制能够有效调节的；（三）行业组织或者中介机构能够自律管理的；（四）行政机关采用事后监督等其他行政管理方式能够解决的。"

依据管理人员和技术人员人数上和职称上差异核定物业服务企业资质明显与《行政许可法》规定的"公民、法人或者其他组织能够自主决定的""市场竞争机制能够有效调节的""事后监督等其他行政管理方式能够解决的"要求并不完全一致。

用曾经或承接业务业绩上的差异作为进行区分物业服务企业的资质同样与《行政许可法》规定的"公民、法人或者其他组织能够自主决定的""市场竞争机制能够有效调节的""事后监督等其他行政管理方式能够解决的"要求也不完全一致。

早期规定物业企业资质分级管理有其充分的合法性，有利于物业管理秩序的形成，但随着市场经济的进一步发展与完善，物业服务市场已经比较成熟，当下物业服务已经完全可以由市场竞争进行调节以及通过事后监管进行解决。当下行业主管部门过度介入，变相增加物业服务企业获得资质的条件，与《行政许可法》内在法理并不完全一致。

案例 5

丁某诉南京市鼓楼区房屋征收办行政协议案[*]

2015年6月26日,丁某与南京市鼓楼区征收办就14.9平方米的建筑物补偿问题达成征收补偿协议,在此后的保障房申购过程中,南京市房改办审查发现,丁某在2012年6月曾将房产转让给其哥哥,不符合"5年内没有房产交易记录"的申购条件,故无法申购。

丁某向法院提起诉讼,要求南京市鼓楼区征收办为其申购保障房支付10万元补偿款。

南京市鼓楼区征收办认为,丁某在2012年6月曾将房产转让给其哥哥,不符合"5年内没有房产交易记录"的申购条件,因其自身的原因导致无法申购,应自行承担责任。协议签订后,丁某未退还过渡房,故被告有权行使同时履行抗辩权,暂未支付10万元补偿款,请求法院驳回原告的诉讼请求。

一、鼓楼区房屋征收办的主体资格分析

本案被告是南京市鼓楼区征收办(下文简称"征收办"),政府出于行

---

[*] 本文涉及案件访问路径 https://mp.weixin.qq.com/s/JdPUNnGQ-aSOlFmLzrl9Sw。

政管理的需要，会成立多种多样的办公室，本案中征收办就是常见的一类，绝大多数地方，这一机构的名称叫房屋征收办，有些地方类似功能是由"棚改办"或"大变样办"来承担的。这些办公室通常都是地方政府和党委联合决定成立的，在性质上属于政府内设机构，不是行政机关，一般不具有行政主体资格，在诉讼中不具有被告资格。

在行政法上，所谓行政机关是指依据宪法或政府组织法成立的，履行行政职能的机关，主要是指各级人民政府以及政府组成部门。各地成立的征收办在地方政府组织法中没有明确的法律依据，不是行政机关。

行政主体的范畴除了行政机关外，还有一大类就是法律、法规授权的组织。如果能够找到相应的单行法律授权的条款，房屋征收办有可能成为行政主体。

房屋征收行政管理方面最主要的法律规范是《国有土地上房屋征收与补偿条例》，我们看看在这一行政法规中是否有征收办成为行政主体的相关依据。遍查《国有土地上房屋征收与补偿条例》，整部法规没有直接规定"征收办"职能的对应条款。

但其中有一条却可以有效地解决征收办行政主体资格问题。该条例第四条规定："市、县级人民政府负责本行政区域的房屋征收与补偿工作。市、县级人民政府确定的房屋征收部门（以下简称房屋征收部门）组织实施本行政区域的房屋征收与补偿工作。"这一条款明确了市、县级人民政府有权确定房屋征收部门组织实施本行政区域的房屋征收与补偿工作。鼓楼区征收办就是鼓楼区政府确定的房屋征收部门，属于法律、法规授权组织，具有行政主体资格，可以作为案件的适格被告。

中共鼓楼区委、鼓楼区人民政府成立的房屋征收安置办公室在性质上属于内设机构，根据法律、法规授权的行政主体的一般理论，授权组织的范围比较广泛，包括事业单位、社会团体，也可以是政府内设机构。法律、法规授权给这些组织有利于相关行政管理权的行使，通常情况下被授权组织的职能要大于授权的职能范畴，法律法规授权的职能只是相应组织职能的一部分。

《中共鼓楼区委、鼓楼区人民政府关于成立鼓楼区征收安置办公室的通知》（鼓委发〔2011〕134号）和《关于成立中国共产党南京市鼓楼区委员会征收安置工作委员会的通知》（鼓委发〔2011〕150号），设立区征收安置办公室，承担全区国有和集体土地上房屋征收、补偿、拆迁及安置等管理责任。中共南京市鼓楼区委征收安置工作委员会（以下简称区委征收安置工委），与区征收安置办公室合署办公。本部门主要承担以下职责：（一）承担起草国有土地上房屋的征收决定的责任；（二）承担编制年度房屋征收计划，拟定、论证征收安置方案；组织社会稳定风险评估、房屋征收评估的责任；（三）承担指导、管理并组织实施国有土地上的房屋征收及集体土地上的房屋拆迁责任；（四）承担征收安置资金的管理责任；（五）承担房屋征收安置纠纷的协调责任；（六）承担安置房调配、申购、房源管理及选房等责任；（七）承担房屋征收安置的矛盾协调及维稳的责任；（八）承担征收拆迁和安置数据的统计汇总及拆迁资料管理的责任；（九）承担征收项目及安置数据的统计汇总及信息收集的责任；（十）承担本单位精神文明建设、党风廉政建设、纪检监察及党支部建设等工作责任；（十一）完成区委、区政府交办的其他工作。

根据鼓楼区委、区政府的文件可见，鼓楼区征收办有十项具体职能，《国有土地上房屋征收与补偿条例》授权征收部门组织实施本行政区域的房屋征收与补偿工作的职能包含在十项职能之中，但鼓楼区征收办的职能显然要广，比如信息收集、精神文明建设以及区委区政府交办的其他工作。

二、案涉行政行为分析

行政诉讼审查的是行政争议，主要是审查相应行政行为的合法性，特定情形下对行政行为的合理性也做司法审查。就本案而言，行政诉讼需要审查的行政行为是什么呢？

原告丁某在申购经济适用房过程中，南京市房改办发现丁某不符合"5年内没有房产交易记录"的申购条件，因而不能为其办理经济适用房购房资格手续。

行政法上，南京市房改办确认丁某是否具有经济适用房购房资格的行为是一个独立的行政行为，这种行为的类型可概括为行政确认。丁某因不符合"5年内没有房产交易记录"的申购条件，无法获得申购资格。丁某对这一行为不服完全可以状告南京市房改办，但丁某很清楚，房改的条件审查不是针对他一个人的，若告房改办，常识告诉人们，大概率的结果是告不赢的。"5年内没有房产交易记录"这一实质性条件不是针对丁某的独特规定，全国很多地方申购经济适用房都有这样的条件规定，这一条件是南京市政府的规章规定的，从法理上推翻这一条件限制几乎是不可能的。

征收办和丁某之间签有征收补偿协议，征收补偿协议是典型的行政协议。丁某做了相对聪明的决定，状告鼓楼区征收办，丁某和征收办签有协议，协议约定丁某可以通过购买经济适用房获得征收补偿的，现在经济适用房办不下来，丁某认为征收办有责任协助处理。

2015年的《行政诉讼法》第十二条第十一项规定：认为行政机关不依法履行、未按照约定履行或者违法变更、解除政府特许经营协议、土地房屋征收补偿协议等协议的，原告可以向法院提起行政诉讼。

仔细分析这一条文可以得出原告就征收补偿协议提起诉讼的情形有这么几种情况：①行政机关不依法履行；②未按照约定履行；③违法变更、解除土地房屋征收补偿协议的。丁某的情形显然不属于不依法履行，也不属于未按照约定履行，同样不属于违法变更、解除土地房屋征收补偿协议。严格意义上说，丁某案件因不符合法院的受案范围，法院可以不予受理。

因不符合经济适用房申购条件，房屋征收补偿协议部分条款无效，丁某的诉求是征收办应该对此负责并采取补救措施。用行政行为理论辅之合同效力理论分析，这属于行政协议部分无效的问题。征收补偿协议签订后，丁某的14.9平方米建筑物已被征收规整为公共利益，解除协议已经是绝无可能的事情，履行协议因丁某不符合经济适用房申购资格亦是不可能的事情。那本案所要审查行为实质上只能是行政协议部分条款的无效确认及其补救措施。

关于征收补偿协议的无效认定在2015年《行政诉讼法》第十二条第十一项中没有明确规定，该法第七十四条规定："行政行为有下列情形之一的，人民法院判决确认违法，但不撤销行政行为：（一）行政行为依法应当撤销，但撤销会给国家利益、社会公共利益造成重大损害的……"根据诉讼法这一规定，确认丁某与征收办签订征收补偿协议部分无效有一定的法理基础。

之所以选择适用"行政行为依法应当撤销，但撤销会给国家利益、社会公共利益造成重大损害的"条款，而不是直接适用第七十五条"行政行为有实施主体不具有行政主体资格或者没有依据等重大且明显违法情形，原告申请确认行政行为无效的，人民法院判决确认无效"，主要是丁某与征收办的征收补偿协议不属于"不具有行政主体资格"或者"没有依据"等重大且明显违法情形。

七十四条的规定回答了如果丁某的案件进入诉讼，法院如何处理的问题。但对于行政协议可诉的情形，《行政诉讼法》已经专门作出规定，明确了"不依法履行、未按照约定履行或者违法变更、解除土地房屋征收补偿协议等协议的"属于可诉的范围，丁某的诉求不在可诉范围之中，这一点在逻辑上是非常清楚的。也就是说，法院若以丁某的诉请不属于行政诉讼的受案范围不予立案也是有法律上依据的，本案立案庭从实质化解纠纷角度受理这一案件，合乎《行政诉讼法》第二条的精神。《行政诉讼法》第二条规定："公民、法人或者其他组织认为行政机关和行政机关工作人员的行政行为侵犯其合法权益，有权依照本法向人民法院提起诉讼。"

能否适用2015年《行政诉讼法》十二条第二款"除前款规定外，人民法院受理法律、法规规定可以提起诉讼的其他行政案件"处理该案呢？

答案是"不能"。这一条款主要回答的是在一些特定的单行法律法规中规定的可以提起行政诉讼的情形。丁某的诉请显然缺乏这样特定的法律规定可诉的明确依据。

若是消极地理解该案，法院受理该案的确不具有充分的《行政诉讼法》规范层面的依据。但是该案的受理符合一般行政法理的要求，该案的这种探索和努力在2019年最高法院的司法解释中得到了印证与支持。

房屋征收协议对相对人来说是利益极其重大的诉讼，出现协议无效或部分条款无效应该纳入行政诉讼的范畴。如果仅因《行政诉讼法》第十二条第十一项没有明确规定就不予受理，不符合司法救济的一般原则。

当事人在行政诉讼无法受理的情况下，有可能去提起民事诉讼，在缺乏明确的司法解释或指导案例的情况下，按照民事诉讼来起诉，案件不会被受理是大概率事件。在诉讼无门的情形下，对于类似丁某这样的案件后续发展怎么担忧都不算过分。比较幸运的是该案的法官没有消极地机械地适用法律，而是积极地受理了该案，并最终智慧地成功化解了纠纷。

《最高人民法院关于审理行政协议案件若干问题的规定》（法释〔2019〕17号）第四条规定："因行政协议的订立、履行、变更、终止等发生纠纷，公民、法人或者其他组织作为原告，以行政机关为被告提起行政诉讼的，人民法院应当依法受理。"

司法解释把《行政诉讼法》中的"不履行"拓展到"订立""履行"，拓展了可诉行政协议纠纷的范围，消除了丁某这类案件进入行政诉讼规范层面的障碍。

三、实质化解纠纷，践行了案结事了的理念

本案另一大特别之处在于：法官成功地践行了"案结事了"的司法理念，有效化解了争议，避免了诉讼程序的空转。

行政诉讼主要审查行政行为的合法性，在少数特定情形下审查行政行

为的合理性。具体到本案，主要是审查丁某与征收办签订的征收补偿协议是否合法。

一般情况下，法庭首先审查协议主体是否合乎法律的规定，就本案而言，主体这一块没有问题；房屋征收补偿协议争议比较多的是补偿项目是否存在遗漏的情形，不存在协议漏项的问题。另外就是审查程序是否合乎法律规定，比如鉴定机构的选取是否合乎法律的规定，补偿款是否已经真实、足额打到相应的账户，等等，本案也不存在这样的程序问题。

本案出现了丁某不符合经济适用房认购资格的情形，也就是丁某不符合"申购人5年内没有房产交易记录"的法定条件。2012年丁某把自己名下的一套小房子过户给自己的哥哥，原因是哥哥结婚迫切需要婚房，丁某认为这不是房产交易，也就是对自己是否符合经济适用房认购资格存在认识错误。丁某认为家庭内部成员之间的转让，不能认定为房屋交易，而经济适用房申购办法规定这样的家庭成员之间的房屋赠与也属于房屋交易行为。

就征收办而言，在签订房屋征收协议这块没有明显的合法性问题，也未见有合理性的问题。如果遵循通常的司法逻辑，行政行为合法就应该驳回原告的诉讼请求。问题是驳回原告的诉讼请求，对于丁某来说申购经济适用房的问题没有解决，丁某可能会选择上诉、申诉、上访甚至更为难以预估的行动。因为案涉的原归属丁某的建筑物已经拆除，丁某已经处于很弱势的一方，另外，丁某本身是残疾人属于弱势群体，能否申购经济适用房对丁某来说是利益攸关的大事。

本案的法官通过梳理案件，发现造成这种困境的并非通常意义上的违法行使职权所致，也并非不可补救。法官发现案件审理时丁某申购经济适用房与"申购人5年内没有房产交易记录"的法定条件之间就差6个月时间，也就是说，丁某6个月之后申购经济适用房并无法律上的障碍。主审法官通过释法与沟通，积极处理纠纷，最终达成协议：6个月后丁某合乎经济适用房选房条件时，被告积极配合优先送达有关材料到南京市房改

案例 5
丁某诉南京市鼓楼区房屋征收办行政协议案

办,协助丁某申购经济适用房,丁某撤诉。案件以这种方式结案,践行了案结事了、实质化解争议,取得了较好的社会效果。

四、案涉司法建议分析

本案有一个值得关注与思考的点在于法院向本案的被告发出了司法建议,建议的内容为"建议被告采取措施确保协议订立前信息掌握到位、政策宣传到位,避免协议订立后无法履行的情况再次发生"。

(一) 案涉司法建议没有诉讼法规范层面上的依据

在《行政诉讼法》中明确规定法院可以发出司法建议的涉及以下两处条款。第一处是第六十六条第二款"人民法院对被告经传票传唤无正当理由拒不到庭,或者未经法庭许可中途退庭的,可以将被告拒不到庭或者中途退庭的情况予以公告,并可以向监察机关或者被告的上一级行政机关提出依法给予其主要负责人或者直接责任人员处分的司法建议"。这一条款明确了被告在拒不到庭或者中途退庭的情况下,法院可以依法发司法建议。

第二处是第九十六条"行政机关拒绝履行判决、裁定、调解书的,第一审人民法院可以采取下列措施:"……(四)向监察机关或者该行政机关的上一级行政机关提出司法建议。接受司法建议的机关,根据有关规定进行处理,并将处理情况告知人民法院……"这一条款明确了发司法建议的情形为拒绝履行判决、裁定、调解书的,法院可以依法发司法建议。

《行政诉讼法》第一百零一条规定:"人民法院审理行政案件,关于期间、送达、财产保全、开庭审理、调解、中止诉讼、终结诉讼、简易程序、执行等,以及人民检察院对行政案件受理、审理、裁判、执行的监督,本法没有规定的,适用《中华人民共和国民事诉讼法》的相关规定。"

根据这一条的规定,《民事诉讼法》中的相关规定完全可能成为案件的相关规范依据。《民事诉讼法》中涉及司法建议的条款为,第一百一十

69

四条,该条规定,有义务协助调查、执行的单位有拒绝履行协助义务的,法院可以向监察机关或者有关机关提出予以纪律处分的司法建议。

通过以上分析可以看出本案法院直接发司法建议没有行政诉讼规范层面的直接依据。

(二) 案涉司法建议合乎《关于加强司法建议工作的意见》的相关规定

人民法院发司法建议最为直接的依据为《最高人民法院印发〈关于加强司法建议工作的意见〉的通知》(法〔2012〕74号)。通知明确了司法建议是人民法院坚持能动司法,依法延伸审判职能的重要途径。人民法院在狠抓执法办案第一要务的同时,依法履行好司法建议职责,积极促进有关单位科学决策、完善管理、消除隐患、改进工作、规范行为,不断提高科学管理水平,预防和减少社会矛盾纠纷。

就本案而言,在签订房屋征收协议时,若认定征收办未告知经济适用房申购条件应该说不合常情,房屋征收项目公告相关法律文件是必经程序,这一程序是公开透明的,征收办相关政策的公示是针对片区内所有被征收户的,因而征收办主张的原告是了解申购政策的主张可以被接受的。这一点从原告的辩解中可以得到印证。原告并未否定知晓申购条件,但原告误解了"5年内没有房产交易记录"这一申购条件,原告认为他的房屋过户给他哥哥不属于房产交易,他自以为房产交易应该是商品房买卖交易。原告的理解显然同法律的规定不一致。导致房屋征收协议无法履行显然不是被告的意愿,也不符合原告的利益。

这一误解的产生显然是偶发性的,经过法院的沟通协调,本案纠纷得到了有效处理。问题是,类似原告这样的误解可能还会出现在被告以后的工作中,法院发现了房屋征收程序上的这一瑕疵,为了避免类似的纠纷再次产生,遂发出了司法建议,建议征收办采取措施确保协议订立前信息掌握到位。这一司法建议具有明确的针对性,能够有效预防类似纠纷再次发生。

案例 6

林某国诉山东省济南市
住房保障和房产管理局案[*]

林某国诉山东省济南市住房保障和房产管理局案件一审、二审发生在 2014 年之前，裁判文书网上没有相关材料，本文主要是依据后来再审案件文书获得的一些材料展开分析的，案件材料虽不完整，但不妨碍我们对其中的行政法理进行剖析。

林某国肢体重度残疾，行走存在严重障碍，2007 年 9 月，其向济南市住房保障和房产管理局（以下简称市房管局）提出廉租房实物配租申请，通过摇号取得了一套廉租房。

2010 年 5 月，市房管局接他人实名举报后调查认定林某国存在取得廉租房后连续六个月未实际居住等情形。

林某国称该住房位置偏远、地处山坡、交通不便，因肢体二级残疾，故居住不久后即搬出。

同年 7 月 13 日，市房管局收回该房，并于同年 9 月给其办理了廉租房租金补贴。林某国又于 2011 年重新申请并取得廉租房实物配租资格，后以

---

[*] 本文涉及案件访问路径 https：//wenshu. court. gov. cn/website/wenshu/181107ANFZ0BXSK4/index. html？docId＝a53475715afb4a5e9ba1fe7dcfdfa138。

房源不适合自己居住为由放弃摇号选房。

2011年4月,林某国将市房管局诉至法院,请求依法确认该局取消其实物配租资格的行政行为违法,判令该局赔偿其退房次日起至重新取得实物配租房之日止的相应租金损失。

该案经历一审、二审、再审,最终以调解结案,林某国诉请得到了全部解决还获得了一笔补偿金。

该案被遴选为2017年十大经典案例。本书选取该案进行分析的主要动因是探究什么让该案成为典型案例,捋一捋案中的法理,对我们学习理解行政法理定有裨益。

一、对林某国主张的分析

林某国的核心主张是:"肢体二级残疾,该住房位置偏远、地处山坡、交通不便,故居住不久后即搬出";"原先承诺兑现免费班车,造成再审申请人不便,安全亦缺乏保障,故其未在该房居住,并向被申请人提出了换房请求"。

该案中,林某国整个争议的基础是"肢体二级残疾"。肢体二级残疾这一条件是客观的,没有这一条件,林某国根本不可能获得实物配租房资格。问题是案件中没有人否认这一基本事实,没有人提出过不尊重残疾人利益的问题。严格来说,该案是一个与残疾人有关但与残疾本身并无过多关联的案件,但是案件后来的走向和解读过多地被残疾这一事实所裹挟,案件被带偏了,没能独立公正地进行审理。

法律面前人人平等,残疾人也不例外。残疾人的利益保障应该基于相关法律规范基础之上,在案件审理中变通甚至扭曲法律的相关规定去"照顾"残疾人的利益,这样肯定是背离残疾人保障法理的。残疾人属于社会弱势群体予以必要的人文关怀是值得肯定的,但这种照顾不能突破法律的强制性规定,对于残疾人案件的审理有一定的道德风险,甚至对残疾人案件的解读也有一定的道德风险。本文仅仅是就事论事，分析个案中的法理演绎情况，与是否尊重残疾人利益的道德评价无关。

整个案件无论是法官还是行政机关的工作人员，没人否认和质疑林某国残疾这一基本事实，因此在情感上强调林某国是重度残疾，不能当然地得出林某国行为合法的任何结论。

对于"住房位置偏远、地处山坡、交通不便"的辩解可以说根本不可能也不应该成为林某国违法行为的正当理由。房屋偏远、地处山坡、交通不便不是相关行政机关过错导致的。这一客观事实在项目选址之初就是既定的事实，林某国在摇号之前对项目情况应该是完全知晓的，该案中这样的辩解毫无法理基础可言。

实物配租房是政府对社会弱势群体的一种兜底性保障政策，相关受益人提出这样的抗辩，让人觉得事情的沉重和诧异。得到帮助的人缺乏感恩之心到如此程度，这从另一个层面证明，保障残疾人利益一定要依法保障，不能搞法外施恩。通常情况下，相关受益人对配租房项目这些客观事实都是心知肚明的，在案件中提出这样的抗辩，让人无语。

至于"林某国提出的政府未按照原先承诺兑现免费班车，造成再审申请人不便，安全亦缺乏保障，故其未在该房居住"，这样的辩解只能说明政府行为有不妥之处，不能证明林某国行为的合法性。林某国的违法行为是实物配租房空置超过了6个月这一事实，这里面的关键是房管局接到实名举报"林某国空置实物配租房超过6个月"，如果林某国觉得选的这次实物配租房不适合自己，合法的办法是询问是否可以调换，如果不能调换则申请退还等待下一次机会，而不是让公共资源空置浪费。若不是有人举报，空置浪费行为难道要长期持续下去？这是不合法也是不道德的。从后面林某国提起的诉讼进程来看，林某国是一个权利意识很强的残疾人，若是林某国多一些义务和责任意识，就不会让公共资源空置这么久。权利与义务责任是相统一的，不存在不讲义务的权利，无论是普通公民还是残疾人都需要遵循权利义务一致性原则。

林某国于2011年重新申请并取得廉租房实物配租资格,后以房源不适合自己居住为由放弃摇号选房。林某国的这次行为值得赞赏,如果觉得市房管局提供的房源不适合自己,就放弃摇号选房,而不能滥用这个来之不易的资格。当然在制定政策时必须考虑周全,对于放弃摇号的申请人,应该当然地可以享有租金补贴这一替代方式,从规章立法本意来看,租金补贴、租金核减、实物配租是不可兼得又相辅相成的,若当事人放弃摇号获取实物配租,是可以获得租金补贴的。

案件中市房管局也是这么处理的,让人意外的是,最终该案弄出来多个行政诉讼,案中的是非曲直值得出台这种廉租房公共政策决策者、管理者借鉴与深思。

二、市房管局行为分析

该案中市房管局的行为比较简单,一个是以林某国连续六个月以上未在其承租的廉租房居住为由,取消再审申请人实物配租资格;另一个是收回案涉的廉租房;第三个是在取消资格后发放林某国租金补贴。

针对这三个行为,林某国提起诉讼。市房管局的这三个行政行为在行政法上是什么行为?其合法性和合理性是否充分?

首先分析一下取消林某国承租廉租房资格的行为。在行政法层面,认可或取消申请人实物配租房资格行为属于广义的行政确认行为。所谓行政确认是指行政主体依法对行政相对人的法律地位、法律关系或有关法律事实进行甄别,给予确定、认定、证明(或证伪)并予以宣告的具体行政行为。当然行政确认包括积极肯定的确认以及消极的否定的确认。

一开始林某国获得积极的肯定的确认,因林某国符合规章的实物配租房的资格,市房管局予以确认并与其签订了实物配租房承租合同。但在合同履行过程中,林某国被人举报连续6个月没有居住,房管局根据《济南市城市低收入家庭廉租住房管理办法》(以下简称《管理办法》)第二十三条第四项规定"连续6个月以上未在实物配租住房居住或者不交纳租金的，由市房产行政主管部门取消其实物配租资格"，取消林某国实物配租资格。

从案情来看，对于连续六个月没有实际居住，林某国是没有异议的，林某国辩解没有居住是有自身理由的。从法律规定来看，没有规定连续不居住的例外情况，上文已经分析，林某国的辩解事实上没有法律依据，因此房管局取消其实物配租房的资格是有法律依据的。

第二，对于房管局收回案涉的廉租房行为的分析。收回案涉的廉租房属于解除行政合同行为。

为了完成行政管理目的，市房管局与林某国签订的合同属于行政合同。在行政合同履行过程中，合同当事人应该遵循合同和法律的相关约定，否则房管局为了公共利益的需要可以解除合同，也就是说房管局收回房屋在法理上是充分的。

第三，对于第三个行为，是在解除合同、取消实物配租房资格之后给予林某国租金补贴的行为。在形态上可以归纳为行政给付行为。合同解除后还是否需要给予林某国租金补贴？按照一般法理分析，是不应该给予林某国租金补贴的。林某国是因为自身的过错导致行政合同的解除，其是需要承担法律后果的。

在一个民事合同中，违约是要承担法律责任的，这是基本常识。行政合同首先是合同，只是其具有行政管理目的，行政法才延伸出行政合同相关理论，但有过错的违背合同约定的当事人应该承担违约责任是合乎法理的。

正常情况下，在取消林某国实物配租房资格收回案涉房屋之后，林某国在一段时间里不能再享受租金补贴，并且若想再次获得实物配租房资格则需要重新申请。这是一般法理的必然要求。但遗憾的是在《管理办法》中没有相关的规定，在实施中可能出现的多种情况缺乏明确的规定，案件纠纷也反映了《管理办法》在制定时考虑不周全，质量不高。

可以肯定的是在实物配租房承租合同中应该也没有这样的约定。因此才会出现本案的特别纠纷。在没有规定和约定的情况下，房管局完全可以不再接受林某国的再次申请，也可以不再给予林某国租金补贴。依法行政是行政机关的基本要求，无论是行政确认、行政合同还是行政给付都需要有法律的相关规定为基础。

但是，市房管局对林某国案件作了最为人性化的处理，第二年林某国再次申请获得了实物配租房申请资格，结果林某国因房源不理想放弃了摇号，这期间房管局没有停止对林某国的租金补贴发放。从一审材料来看，房管局实际也就停发了林某国一个半月的租金补贴。

作为一个良善的残疾人对这种处理结果应该感恩，结果是林某国发现房管局一个程序上的问题，接连提起几个诉讼，这样的局面提醒我们，残疾人利益保障首先是个法律问题，然后才可能成为道德问题。残疾人并不会当然地遵循道德约束，使自己的行为合乎基本的道德要求。行政机关必须严格依法办事，规章政策制定必须精细，相关法律责任规定必须完整，否则立法中的缺陷必然会演化为执法中的难题。

三、一审判决的分析

济南市市中区人民法院一审认为，根据《管理办法》有关规定，房产行政主管部门应在作出取消当事人实物配租资格的书面处理决定生效情况下才能收回房屋。本案中，市房管局未作出书面处理决定而直接收回，造成林某国该次廉租住房实物配租资格被取消，影响其相关权利。

一审法院判决非常清楚，也就是应先作出取消当事人实物配租资格书面处理决定，然后再收回房屋。这一判决完全合乎法律的规定。

《管理办法》第二十三条第二款规定：被取消实物配租资格的家庭应当自接到市房产行政主管部门退房通知书之日起2个月内将承租的住房退回；逾期不交的，由市房产行政主管部门依法收回实物配租的住房。

规定非常清楚，林某国虽符合连续6个月以上未在实物配租住房居住应被取消实物配租资格的情形，但也需要房管局作退房通知书，林某国在接到退房通知书2月内完成退房。一审法院指出的"应在作出取消当事人实物配租资格的书面处理决定"在《管理办法》中虽未明确要求，但法院这一判决合乎一般法理。行政确认行为无论是确认资格还是取消资格都应该通过正式的书面形式来达成。行政行为形式上的要求是书面为原则，口头以及其他形式为例外的。市房管局在没作书面取消资格的情形下直接收房，程序上确有不当。对于市房管局这一行为所侵犯的林某国的法益也是很清楚的，就是林某国有两个月的搬离期限。

市房管局于7月13日收回案涉房屋，并于9月给林某国办理了廉租房租金补贴。一审法院的判决确认市房管局收回房屋、取消林某国实物配租资格的行为违法，由该局按廉租房租金标准赔偿林某国从2010年7月13日次日起至2010年8月31日的租房损失，驳回林某国其他诉讼请求。

法院这一判决事实清楚，适用法律正确，程序正当，令人遗憾的是原被告双方都不服判决提起了上诉。

四、二审判决分析

济南市中级人民法院二审认为，林某国存在连续六个月以上未实际居住情形，且在退房证明上签字履行了手续，市房管局依照有关规定取消其实物配租资格并收回廉租房的行为并无不当。同时，城市低收入家庭只能在租金补贴、实物配租等保障方式中享受一种，林某国已在当年9月取得租金补贴保障待遇，市房管局取消其实物配租资格结果正确，未作书面决定属程序瑕疵。遂撤销一审判决，改判驳回林某国的诉讼请求。

二审法院判决同一审判决的差异，就是认为房管局取消其实物配租资格结果正确，未作书面决定属程序瑕疵。遂撤销一审判决，改判驳回林某国的诉讼请求。

对比一审、二审法院判决，可以很清楚得出取消其实物配租资格这一点是一致的。对于没作书面的资格认定书一审法院认为是程序违法，二审法院认为属于程序瑕疵，并且二审法院并不支持一审法院认为程序违法影响林某国相关权利的判断。

林某国空置房屋，市房管局收房没有太大的阻碍，林某国也及时交出了案涉房屋。应该说林某国在这其中没有实质性法定权益，法律规定的"自接到市房产行政主管部门退房通知书之日起 2 个月内将承租的住房退回"不能因此认定林某国对房屋享有两个月的承租期，这只是说明林某国必须在此期间交房，否则会引起依法强制办理的后果。林某国既然积极交回案涉房屋，就不存在这两个月宽限期的问题，也就无所谓相关权益保障问题。至于一审法院要求房管局补偿林某国 2010 年 7 月 13 日次日起至 2010 年 8 月 31 日的租房损失，应该说没有明确的法律依据，属于抚慰性的判决。

但市房管局取消资格的决定没有采取书面形式肯定是违法的，二审法院认定是程序瑕疵淡化了程序的价值，程序违法是行为违法的重要方面，这一点不仅是行政法理，也为行政诉讼法、行政复议法所确认。

五、再审过程的分析

该案本是一起普通的案件，缘何被最高人民法院遴选为 2017 年十大经典案件？有几个方面值得观察与思考。

第一，顺利调解结案。这个案件经最高人民法院再审顺利调解结案，获得了广泛好评。梳理一下《行政诉讼法》有关案件调解的相关规定和法理，最高人民法院的做法突破了《行政诉讼法》的相关规定。《行政诉讼法》第六十条规定："人民法院审理行政案件，不适用调解。但是，行政赔偿、补偿以及行政机关行使法律、法规规定的自由裁量权的案件可以调解。调解应当遵循自愿、合法原则，不得损害国家利益、社会公共利益和他人合法权益。"

《行政诉讼法》司法解释第八十四条规定:"人民法院审理《行政诉讼法》第六十条第一款规定的行政案件,认为法律关系明确、事实清楚,在征得当事人双方同意后,可以径行调解。"

一般情况下,行政案件不适用调解,这是由行政诉讼的基本功能决定的。行政诉讼制度主要有两方面功能,一方面在于为行政相对人提供救济,另一方面在于监督行政机关依法行使职权。《行政诉讼法》第一条规定:"为保证人民法院公正、及时审理行政案件,解决行政争议,保护公民、法人和其他组织的合法权益,监督行政机关依法行使职权,根据宪法,制定本法。"

本案争议的主要焦点在于房管局取消林某国的实物配租房资格及其程序是否合法,这一争议点显然不属于行政赔偿、补偿以及行政机关行使法律、法规规定的自由裁量权的案件范畴,该案适用调解并不完全合乎《行政诉讼法》的相关规定。

林某国另外一个主张要求赔偿其退房次日起至重新取得实物配租房之日止的相应租金损失是否属于行政诉讼规定的可适用调解的行政赔偿、补偿或自由裁量的范畴呢?仔细分析,林某国的这一主张未必能认定为行政赔偿、补偿或自由裁量的范畴。

行政赔偿是指国家行政机关及其工作人员在行使职权的过程中侵犯公民、法人或其他组织的合法权益并造成损害,由国家承担赔偿责任的制度。行政赔偿的前提条件是相对人合法权益受到损失。

行政补偿是指国家行政机关及其工作人员在管理国家和社会公共事务的过程中,因合法的行政行为给公民、法人或其他组织的合法权益造成了损失,由国家依法予以补偿的制度。行政补偿的前提也是需要相对人的合法权益受到损失。

自由裁量行政行为是指法律、法规或者规章对行政行为适用的条件和方式等内容仅仅规定了原则或者幅度,行政主体在实施该项行政行为时可以在法定的原则或者幅度内，按照自己的意志作出处理决定的行政行为。

即便法院认定市房管局因程序违法确认取消林某国实物配租房资格违法，林某国的主张显然算不上赔偿，也算不上补偿，林某国在其中不具有《国家赔偿法》意义上的法益。林某国主张的租金损失也不能认定为可以调解的自由裁量范围。租金貌似有点合乎自由裁量的外部特征，事实上，即便这个租金损失成立，林某国主张的这个租金损失也不能认定为自由裁量行为。

假设林某国的租金补贴成立，那在该案中也是一个非常确定的金额，没有可以考虑的法定变量。对于如何计算租金补贴，《管理办法》第四条第二款规定：租金补贴是指符合条件的申请人到市场租赁住房后，由政府按照市场平均租金与廉租住房租金标准的差额向其发放补贴。这是一个确定的数量，不是一个可以自由裁量的概念，也不需要自由裁量。取消资格后的林某国享受租金补贴没有法律上的依据，因而也就谈不上什么自由裁量问题。

林某国这个案件能否适用调解处理，法理是比较清楚的。无论是一审法院还是二审法院认定市房管局取消林某国实物配租房资格这一行为在实体法意义上都是成立的、符合法律规定的。一审与二审对这一问题判断上的差异在于市房管局未发书面的取消资格通知书后再收回案涉房屋这一程序是违法还是瑕疵。无论是程序瑕疵还是程序违法，在取消林某国实物配租房资格这一行为上，林某国不存在实际损失，不存在可赔偿或补偿的合法权益。

林某国被取消资格到再次取得实物配租房资格期间，是否存在合法的利益呢？很显然，林某国不享有任何法定权益。《管理办法》第四条规定：本市城市低收入家庭廉租住房保障方式以发放租金补贴为主，租金核减、实物配租为辅。三种方式是不可兼得的，实物配租是对相对人最为有利的一种方式。《管理办法》第十五条第二款规定：如果放弃实物配租的申请人，可以向市房产行政主管部门提出改为其他保障方式的申请。《管理办法》虽没规定被依法取消实物配租资格的申请人不再享有租金补贴,但根据行政法一般原理,林某国不能再享有这一块的租金补贴,这也是对其长期空置案涉房屋的一种惩戒。法律面前人人平等,不应由于林某国是残疾人就破坏规则,事实上,享有这些福利性兜底住房政策的人大都是一些社会弱势群体,个案中过分强调林某国的残疾人身份,是对《管理办法》相关规定的一种误读。

因此,首先本案不完全属于行政赔偿、行政补偿或者行政机关行使法律、法规规定的自由裁量权的案件,最高人民法院用调解结案从《行政诉讼法》层面来讲,在规范性这一法理上略显薄弱,但案件最终的处理达到了案结事了的目标。从相关报道来看,最高人民法院对案件的处理已经不属于典型的调解结案,应该属于在法院积极引导下的一种诉讼和解,很显然法院对该案和解起到了关键的推动作用。其次,机关负责人出庭应诉。最高人民法院提审本案后,最高院的主审法官于2016年4月赴当地开庭审理并主持调解,市房管局局长到庭参加诉讼,双方当事人本着互谅互让原则达成协议。

在这短短的报道中,可以得出以下信息,第一,行政机关首长出庭应诉了;第二,行政机关首长高效行事,在最高人民法院的调解下,双方达成了协议;第三,双方在互谅互让的原则基础上,达成了协议。

行政机关负责人出庭应诉制度有利有弊,但这一制度最终被写进《行政诉讼法》。坚持行政机关负责人出庭应诉制度有利的因素是多方面的,最为有利的一点就是能高效处理案件,行政机关负责人可以决断拍板,可以高效处理问题,在调解过程中尤其如此,本案就是一个典型。

行政机关负责人高效决断处理案件基础是有一定争议的,对于一些小事情,行政机关负责人拍板没有问题,对于一些重要的问题,机关负责人当庭拍板法理并不充分,行政首长负责制并不意味着行政首长决断制,重要的行政决策通常需要集体讨论才能决定,特别重要的决策还需党政联席会议通过才能拍板,本案中行政机关负责人当庭高效拍板可能存在一定的程序瑕疵风险。

案件中高效拍板体现了行政权的一种决断性。这个案件经历了一审、二审以及再审，再审程序中房管局局长出庭应诉了，并且作出了高效的行政决定。现在合理的疑问是一审、二审程序中行政首长是否出庭了？一种情况是房产局局长有正当事由没有出庭，另一种情况是房管局局长在一审以及二审程序中出庭了。无论出庭还是没有出庭，改变不了的事实是在一审、二审程序中房产局局长没有作出决断处理，行政争议没有及时化解。

再审阶段出现了房管局局长高效决断有力地化解了行政纠纷。行政诉讼案件合法性审查主要看案件事实是否清楚、适用法律是否正确、程序是否合法、裁量是否适当。在案件一审、二审、再审程序中，案件在事实方面没出现新的事实，在程序上也没有什么新变化，在适用法律上也没有什么新变化。在这些基本要素都没有变化的情况下，房管局为什么改变了原来的基本立场，不坚持要求法院对自己的行为进行合法性判断呢？

最高人民法院的提审本可以把案件审理得更清楚、更公正、更专业，房管局负责人为啥改变了行政机关在一审、二审程序中的坚持？如果行政机关负责人考虑的是：因该案被再审提审，社会关注度升高，就改变先前对行政行为合法性的坚持，那行政机关负责人出庭决断拍板法理基础是相对薄弱的。这一改变直接关涉本案诉争的行政行为合法性评判，甚至关涉到该案的一审、二审审理活动是否合乎《行政诉讼法》的评价问题，这是一个值得进一步思考的问题。

林某国最终不仅得到了满意的实物配租房，还得到了一笔数量不低的救助金。林某国得到了比他诉讼请求还要多得多的利益，这样的结果其应该是非常满意的，一个存在明显过错的人通过一系列诉讼程序，最终得到了比诉讼请求还要多的利益，这是一个可以进一步思考的问题。

最高人民法院通报中说双方互谅互让达成协议。该案调解中所谓的互谅互让是不平衡的，林某国在实体利益上没什么可让的，让步的也就是不再纠缠市房管局行政行为程序是否违法这一点而已。市房管局让步了很多，实际上完全接受了林某国的诉讼请求，并且给予了林某国 7 万元救助金。

林某国获得的这笔救助金，是一个值得关注与研究的问题。行政诉讼中涉及的大多是赔偿金或补偿金，无论是赔偿金还是补偿金依照法律规定是有明确的专项资金可以支付的，对于案涉的 7 万元救助金，房管局如何支付才能合情合法值得关注。异地审理残疾人案件，提审程序这样处理方便了案中残疾人林某国，得到了社会舆论的积极评价。因考虑到林某国重度残疾，最高人民法院法官直接到再审申请人住所地开庭审理，体现了司法中的人文关怀。

在总结本案意义时，最高人民法院提到了包括媒体在内的社会各界对本案一致好评，现场旁听的全国人大代表、全国政协委员和残疾人联合会的代表对庭审活动给予高度评价，中国残联为此也向最高人民法院致信感谢。本案对健全残疾人权益司法保障制度，推进残疾人事业健康发展具有重要示范意义。

一致好评、高度评价、残联的感谢信等信息实证了该案收到了良好的社会效果，最终该案的处理已经不限于法律规则层面的适用与审理，把"加强对残疾人的关怀"的理念融入案件处理过程，案件的社会价值得到了进一步彰显。

案例 7

王某军非法经营案*

王某军非法经营罪一案,再审法院采纳了检察机关提出的王某军无证照买卖玉米的行为不构成非法经营罪的意见,原审被告人王某军及其辩护人提出的王某军的行为不构成犯罪的意见完全被采纳。

王某军没有办理粮食收购许可证及工商营业执照买卖玉米的事实清楚,其行为违反了当时的国家粮食流通管理有关规定,但尚未达到严重扰乱市场秩序的危害程度,不具备与《刑法》第二百二十五条规定的非法经营罪相当的社会危害性、刑事违法性和刑事处罚必要性,不构成非法经营罪。原审判决认定王某军构成非法经营罪适用法律错误,判决原审被告人王某军无罪。

案件结束后,就是否追究原审相关人员责任,再审案件的审判长回答了记者提问,根据《保护司法人员依法履行法定职责规定》第十一条规定,"法官、检察官非因故意违反法律、法规或者重大过失导致错案并造成严重后果的,不承担错案责任"。

王某军合法权益因再审程序获得了司法救济,正所谓"正义从来不会缺席,只会迟到"。公众、媒体、学者关注点主要集中在王某军的行为是

---

* 本文涉及案件访问路径 http://www.court.gov.cn/fabu-xiangqing-136361.html。

否构成非法经营罪这一焦点上，因王某军被判无罪以及获得了国家赔偿而告一段落。通过梳理王某军非法经营罪案情，可以发现该案背后的行政法元素，这些元素在一定意义上比刑事个案改判更值得关注与思考。

一、"两法衔接"案件移送制度在该案中的具体实施分析

一开始看到该案的有关报道，非常诧异该案是如何进入刑事司法程序的。生活常识告诉我们，现在贩卖点玉米、大米之类的粮食满大街的都是，正常情况下这样的小商贩是不可能进入刑事司法程序的。王某军贩卖点粮食怎么就被公安机关刑事立案了呢？莫非背后有什么隐情或因私人恩怨被人举报被公安机关盯上了吗？带着这样的疑问，仔细研读再审判决书，其中在介绍案件证据时，提到了"巴彦淖尔市临河区工商行政管理局涉嫌犯罪案件移送书和受案登记表"。

该项证据清楚地表明该案来自于工商行政管理局的移送，该案是"两法衔接"案件移送的直接产物。

何为"两法衔接"？两法衔接是指"行政执法与刑事司法衔接工作机制"的简称，主要指工商、税务、烟草、质监、药监等行政执法机关在依法查处行政违法行为过程中，发现违法行为涉嫌犯罪的，依法向公安机关、检察机关等司法机关移送案件的一种工作衔接机制。两法衔接在《行政处罚法》里有明确的规定。《行政处罚法》第二十二条规定："违法行为构成犯罪的，行政机关必须将案件移送司法机关，依法追究刑事责任。"

两法衔接主要解决的是防止以罚代刑的问题，为了规范两法衔接，2001年国务院就出台了《行政执法机关移送涉嫌犯罪案件的规定》（下文简称310号令）。下文我们主要根据310号令相关规定结合该案移送的情形，分析一下两法衔接中的案件移送问题。

（一）制定统一的部门移送清单，保证案件移送的精准性

根据一般行政法理以及 310 号令的规定，行政执法机关在依法查处违法行为过程中，发现违法事实涉及的金额、违法事实的情节、违法事实造成的后果等，根据刑法关于破坏社会主义市场经济秩序罪、妨害社会管理秩序罪等规定和最高人民法院、最高人民检察院关于破坏社会主义市场经济秩序罪、妨害社会管理秩序罪等的司法解释以及最高人民检察院、公安部关于经济犯罪案件的追诉标准等规定，涉嫌构成犯罪，依法需要追究刑事责任的，必须依照本规定向公安机关移送。

对于应该移送的案件，案件经办人员如果不能坚持依法移送，将会面临严峻的法律后果。310 号令第十六条第二款规定：对应当向公安机关移送的案件不移送，或者以行政处罚代替移送的，由本级或者上级人民政府，或者实行垂直管理的上级行政执法机关，责令改正，给予通报；拒不改正的，对其正职负责人或者主持工作的负责人给予记过以上的行政处分；构成犯罪的，依法追究刑事责任。对于应该移送而没能移送的，相关负责人同样需要承担严重的法律后果。直接负责的主管人员和其他直接责任人员，按照规定给予行政处分；构成犯罪的，依法追究刑事责任。

不移送案件严重的将构成徇私舞弊不移交刑事案件罪。《刑法》第四百零二条规定，行政执法人员徇私舞弊，对依法应当移交司法机关追究刑事责任的不移交，情节严重的，处三年以下有期徒刑或者拘役；造成严重后果的，处三年以上七年以下有期徒刑。

结合本案，2014 年 11 月 13 日至 2015 年 1 月 20 日，王某军未办理粮食收购许可证，未经工商行政管理机关核准登记并颁发营业执照，擅自在临河区白脑包镇附近村组无证照经营违法收购玉米，将所收购的玉米卖给巴彦淖尔市粮油公司杭锦后旗蛮会分库，非法经营数额 218288.6 元，非法获利 6000 元。

按照案件追责时有效的《无照经营查处取缔办法》（2011 年修订）第

十四条规定，对于无照经营行为，由工商行政管理部门依法予以取缔，没收违法所得；触犯刑律的，依照《刑法》关于非法经营罪、重大责任事故罪、重大劳动安全事故罪、危险物品肇事罪或者其他罪的规定，依法追究刑事责任。结合最高人民检察院、公安部制定的《关于公安机关管辖的刑事案件立案追诉标准的规定（二）》有关规定：从事其他非法经营活动，个人非法经营数额在五万元以上，或者违法所得数额在一万元以上的即可刑事立案。巴彦淖尔市临河区工商行政管理局王某军涉嫌犯罪案件进行移送，符合相关规定的要求。

根据310号令第五条规定，行政执法机关对应当向公安机关移送的涉嫌犯罪案件，应当立即指定2名或者2名以上行政执法人员组成专案组专门负责，核实情况后提出移送涉嫌犯罪案件的书面报告，报经本机关正职负责人或者主持工作的负责人审批。案件经过工商行政管理机关移送、公安机关立案侦办、检察院提起公诉再到一审法院依法判决王某军有罪。最后的再审结果表明：涉及多个公权力部门和十多名公务员，一整套精心设计的司法程序走下来的案件是个错案，这样的结果不能不让人深思。

生活常识告诉我们，全国范围内像王某军这样贩卖粮食的小商小贩数以万计，如果王某军果真被判有罪，这些努力谋生计的普通劳动者岂不一下子都成了犯罪分子（不同的只是王某军案进入了司法程序，其他的人没进入司法程序而已）？如果这些人都被判有罪，那是一种怎样的尴尬与滑稽！

该案问题究竟出在哪儿了？如何能够避免这样的悲剧再次上演？最核心的问题在于非法经营罪第四项"其他严重扰乱市场秩序的非法经营行为"被具体化为"从事其他非法经营活动，个人非法经营数额在五万元以上，或者违法所得数额在一万元以上的即可刑事立案"。

要想避免类似王某军的悲剧再次发生，最好的方式是梳理不同行政执法部门执法中可能涉及的罪名，制定全国统一的移送目录清单以及移送标准，杜绝"其他"这类模糊标准，真正做到移送清单目录管理，做到清单之外无须移送，不移送清单之外的违法行为，不管后果有多严重也无须追究相关人员的责任。

对于因理性的局限性可能致使有些行为遗漏在清单之外的产生严重危害的情形，可以通过制定清单升级版予以解决。国家工商行政部门制定的《工商行政管理执法中移送涉嫌犯罪案件相关标准汇编》具有移送清单的功能。但这个清单1.0版还存在不少问题，

其一，清单里还有不少其他兜底条款。这些兜底条款使得移送工作产生了很大的不确定性，本案便是汇编第五十项中"从事其他非法经营活动"的直接恶果。

其二，清单中的一些罪名与行政执法、两法衔接无直接关联性。比如，第78项故意泄露国家秘密案。这样与行政执法无直接关联的案件在汇编中有不少。这些案件属于执法中发现的其他可能涉嫌犯罪的线索，对这样的案件进行移送是可以的，但不属于严格意义上的两法衔接的范畴。这样的罪名多了，弱化了移送清单的针对性。移送清单应该着眼于两法衔接，目的在于防止以罚代刑。对于工作中发现的一般涉嫌犯罪的情形属于举报的范畴，若不移送一般无须承担徇私舞弊拒不移送犯罪责任。相反，对于涉及两法衔接的相关犯罪行为不移送，会引发徇私舞弊拒不移送犯罪的后果。

（二）增强移送工作的合作交流，提升案件移送的质量

310号令第六条规定：行政执法机关向公安机关移送涉嫌犯罪案件，应当附有下列材料：（一）涉嫌犯罪案件移送书；（二）涉嫌犯罪案件情况的调查报告；（三）涉案物品清单；（四）有关检验报告或者鉴定结论；（五）其他有关涉嫌犯罪的材料。

通常情况下案件移送书需要初步说明案件涉嫌犯罪的缘由。我们相信该案经办人员一定对王某军涉嫌犯罪做了说明。根据再审结果回溯来看，该案的移送书说明理由是不充分的。这一点几乎不需要太多的论证，常识告诉我们，类似王某军这样的行为是极其常见的。在小区门口、在马路边

上随处可见，这些无证照经营者破坏了市场秩序，但卖生活日用品而非特定的管制类商品是不可能也不应该被认定为犯罪的，这不是事后诸葛亮，而是简单的生活常识。另外一个可以简单印证的方式，网络搜索一下，因无证贩卖点粮食被判处有罪的先例，在全国范围内应是绝无仅有的，如果全国范围内类似的行为在其他地方都没有被认定为犯罪的报道，本案的行政机关移送工作人员就应该更加谨慎一些。

310号令第五条规定："行政执法机关对应当向公安机关移送的涉嫌犯罪案件，应当立即指定2名或者2名以上行政执法人员组成专案组专门负责，核实情况后提出移送涉嫌犯罪案件的书面报告，报经本机关正职负责人或者主持工作的负责人审批。"王某军案提示我们，应该完善负责人审批制度。审批不能流于形式，审批不能简化为领导签个字。案件移送的是可能构成犯罪的情形，审批应该是一种严格的实质性审查，若是存在明显的过失是应该承担法律责任的。我们有理由相信王某军这样的案件对于当地的工商行政管理局来说应该是头一遭吧，头一次接触这样的案件，相应的负责领导是不是更应该谨慎一些？如果该局负责人不是头一次遇到这样的案件，那该局执法水平真的有问题了，这样的错怎能一错再错呢？

对于拿不准是否需要移送的情形，完全可以邀请公安机关相应的工作人员进行会商，必要的时候可以邀请法官、检察官、法学专业人士、律师就个案展开研讨。行政法理有一个重要的原则，叫作程序正当原则。有些事情改变一下办事的顺序，会产生明显不同的后果。

该案经过工商行政管理部门2个或2个以上的专门的移送办案人员，到该局相关负责人批准进行移送，到公安机关接受移送进行立案侦办，到检察院提起公诉，再到法院依法进行审批，这是客观上发生的一种程序，这个程序就这么平顺地走下来了。我们有理由相信该案的法官对判决王某军有罪并不是那么坚决的。

在叙述一审判决时，再审判决书是这样表述的："鉴于被告人王某军案发后主动到公安机关投案自首，主动退缴全部违法所得，有悔罪表现，对其适用缓刑确实不致再危害社会，决定对被告人王某军依法从轻处罚并适用缓刑。"这里有两个问题值得思考：一方面王某军能认定为自首吗？王某军案件是行政机关移送的案件，认定自首不合情理，行政机关没有调查清楚基本情况是不会移送的，王某军就这么一个无证照贩卖粮食的行为，在工商部门调查清楚移送后认定王某军自首多少有点牵强。如果说法官在为判缓刑做努力，似乎更合情合理一点。

另一方面，一审法院提到"王某军主动退缴全部违法所得"。事实上，本案中违法所得并非关键因素。若是从违法所得的角度分析，违法所得 1 万元才能认定犯罪，王某军的行为只获利 6000 元。认定王某军有罪的是"非法经营数额 218288.6 元"，这个数额远高于五万的立案标准，如果王某军定罪的法理十分充分，这个属于数额巨大了，判定缓刑的法理基础已经不存在了。一种合理的解释就是法官并不想把王某军扔进监狱。

这样的分析似乎不合案件实际情况，既然法官不十分认同判王某军有罪，那为什么又判决王某军有罪了呢？这里可能有些只可意会不可言说的东西起了作用。究竟是什么东西只可意会不可言说呢？我们换一种程序假设来说明。如果工商行政管理机关在移送之前召开一个案件研讨会，参加人员由办理该案的警官、检察官、法官组成，大概率的后果是该案不会被移送出去。但该案一旦启动了移送程序，同样的办案警官、检察官、法官只在自己司法程序阶段履行相应的职权，该案大概率的后果就是判王某军有罪，但是会判处缓刑。案件移送决定前嵌入召开疑难案件研讨制度，这一程序一定可以挤掉那种只可意会不可言说的东西。

移送案件详尽说理制度、行政机关移送人员与公安机关立案审查人员定期交流制度、重大复杂案件移送前会商研讨制度应该是整个"两法衔接"制度建设的题中之义，是正当程序的内在要求。

（三）更好地发挥检察机关在案件移送中的监督作用

310 号令第十四条规定："行政执法机关移送涉嫌犯罪案件，应当接受人民检察院和监察机关依法实施的监督。检察机关监督职能在规定中主要体现在行政执法机关接到公安机关不予立案的通知书后,认为依法应当由公安机关决定立案的,可以自接到不予立案通知书之日起3日内,提请作出不予立案决定的公安机关复议,也可以建议人民检察院依法进行立案监督。"

对于公安机关不予立案的,移送机关可以提请检察院进行立案监督,对特定的不予立案个案进行监督是完善案件移送制度重要内容。在全国建立两法衔接平台后,检察院立案监督可以进一步拓展,在实施案件材料网络移送后,完全可以推行复式移送制度。所谓复式移送制度,就是所有移送公安机关的案件材料同时移送检察院平台;公安机关不予立案反馈给移送机关,不予立案的理由都同时传输给检察院。

当然,这样的复式移送制度必然会加重检察院的监督工作。要求检察院将所有的案件都进行二次监督不切实际,这样的制度成本太高了,但可以规定一定的实质审查比例,这个比例可以很小,可以是5%甚至可以是1%,在不固定监督哪个特定案件的情况下,也就是每个案件都可能被抽查监督到,这种情况下即便是很小的监督比例都会极大地提高移送机关和公安机关的责任心。

在移送工作信息化、网络化的情形下,实行所有案件复式移送和公安机关不立案行政机关移送的案件可以请求检察机关进行特定个案监督相结合的制度,一定可以极大地提升案件移送的效果。

二、案涉个体粮食经营许可的分析

(一)非法经营罪涉及的许可、证明、批文是狭义上的专项许可,而非一般营业执照许可

根据《刑法》第二百二十五条规定,非法经营是指以下四类行为:
(1)未经许可,经营法律、行政法规规定的专营、专卖物品或者其他

91

限制买卖的物品;(2)买卖进出口许可证、进出口原产地证明以及法律、行政法规规定的其他经营许可证或者批准文件;(3)未经国家有关主管部门批准,非法经营证券、期货、保险业务,或者非法从事资金支付结算业务;(4)其他严重扰乱市场秩序的非法经营行为。

上述(1)、(2)、(3)项都明示了应该需要取得某种特别的许可证或批准文件才可从事的行为,这种许可证显然并非指一般意义上的营业执照,而是指某种特别的狭义上的许可规定。根据法律的规定,所有的经营户都需要依法取得营业执照的,非法经营罪所要调整的是需要办理狭义上的许可,相关当事人却未能依法办理相关许可的经营行为。

一般情况下,学界通常把营业执照理解为一种许可,但营业执照属于广义上的许可,所有的经营者都需要办照,这种办理营业执照主要目的是确立主体资格,更多的属于行政确认的范畴,不同于狭义上许可。行政领域通常所说的证照改革,对营业执照与许可证也是有所区分的,比如以前的先证后照,现在是先照后证,在这里都是把营业执照与许可证做了区分的。

非法经营罪前3项明确列明了在没有取得许可证的情况下可能构成犯罪,第4项兜底规定了其他严重扰乱市场秩序的非法经营行为。很显然,这种兜底条款不该超出非法经营罪需要超出法律规定的某种行为需要获得特定许可这一前提,而且不应该泛化为没有取得营业执照的其他行为。

本案有个细节需要注意,"王某军非法经营数额218288.6元,数额较大,其行为构成非法经营罪"。公安机关正是根据这一点进行立案审查的。相应的标准被细化为从事其他非法经营活动,个人非法经营数额在五万元以上,或者违法所得数额在一万元以上的即可刑事立案。王某军非法所得虽然只有6000元,但是其经营额达到了218288.6元,因而刑事立案貌似没有问题。

其实,这里面忽略了一个极为核心的问题,王某军根据当时的相关法律规定是否需要办理许可证,如果王某军依法不需要办理许可证,那王某军的行为是根本不属于非法经营罪调整范畴的。

原审判决认定,2014年11月13日至2015年1月20日,被告人王某军未办理粮食收购许可证,未经工商行政管理机关核准登记并颁发营业执照,擅自在临河区白脑包镇附近村组无证照违法收购玉米,将所收购的玉米卖给巴彦淖尔市粮油公司杭锦后旗蛮会分库,非法经营数额218288.6元,非法获利6000元。案发后,被告人王某军主动退缴非法获利6000元。

原审法院认定的事实有两点是肯定的,一个是王某军非法经营行为超过了一年以上的时间;二是王某军经营玉米无论如何不会达到50吨,即便是按每公斤0.5元计算,50吨玉米的经营额也是要超过250000元的,当时的玉米的价格无论如何不可能低于每公斤0.5元的。确认王某军非法经营行为超过一年时间以及非法经营玉米不满50吨,这两个是法院所认可的事实。

根据当时的行政法律规范《粮食收购资格审核管理暂行办法》(国粮政〔2004〕121号)第八条"凡常年收购粮食并以营利为目的,或年收购量达到50吨以上的个体工商户,必须取得粮食收购资格。年收购量低于50吨的个体工商户从事粮食收购活动,无须申请粮食收购资格"。

据此,非常清晰地得出结论,王某军的行为是根本不需要办理粮食收购许可证的,王某军不需要办理许可证,其行为当然不可能构成非法经营罪。

(二) 个体粮食商贩依照行政许可法无须办理粮食经营许可证

经营者应不应该办许可证不能是任性设定,必须要有法理上的依据。《行政许可法》第十一条规定:"设定行政许可,应当遵循经济和社会发展规律,有利于发挥公民、法人或者其他组织的积极性、主动性,维护公共利益和社会秩序,促进经济、社会和生态环境协调发展。"王某军所从事的工作就是从分散的农户手中收购玉米,然后加点价卖给粮库,利用服务赚点差价。这种行为对市场、公共利益、社会秩序都是有益无害的。根据

《行政许可法》的精神,是不需要设定许可的。

按照《粮食收购资格审核管理暂行办法》的规定也是不需要设定许可的。《粮食收购资格审核管理暂行办法》(国粮政〔2004〕121号)第八条明确规定:"年收购量低于50吨的个体工商户从事粮食收购活动,无须申请粮食收购资格。"

需要做延伸思考的是:经营规模少于50吨的不需要办理粮食经营许可资格,对于那些超过了50吨的需要办理粮食收购资格的个体经营户,他们需要达到什么样的条件才能获得资格许可?这些许可条件和确立粮食收购资格许可所追寻的目标之间有什么关联?

对于年经营规模超过50吨的需要办理粮食经营许可资格的具体条件,在全国各地几乎都被进一步细化为有一定的资金筹措能力,具体表现为有几万自有资金。比如,《陕西省人民政府办公厅关于粮食流通市场管理有关问题的通知》中明确规定,年粮食收购量在50吨以上的个体经营户,需要具备经营资金筹措能力,自有资金须达到3万元以上。

需要3万元自有资金和法律追求规范粮食收购秩序之间有什么关联吗?且不谈文件凭空创造出这么一个标准有违背许可法精神(《行政许可法》根本就不允许规章设立许可条件,更遑论低层次的行政规范性文件了),理性考量这个3万元自有资金与市场秩序之间有什么联系吗?很大可能就是一种毫无内在关联的任性规定。市场经济条件下,信誉不好的个体经营户,没钱就收不到粮食,信誉好的农户不要钱也可以先把粮食卖给你,待你转卖了再把钱款给农户,这是实践中极为普通的市场行为。是否有几万块钱的自有资金与粮食收购资格之间没有什么特别的内在关联。

事实上,正因为几万元自有资金与粮食收购秩序之间没有任何内在联系,2016年修订的《粮食收购资格审核管理办法》第三条规定:"农民、粮食经纪人、农贸市场粮食交易者等从事粮食收购活动,无需办理粮食收购资格。"

个体粮食经营者办理粮食收购资格的问题,因文件规定不需要办理粮食收购资格而终结了,但其中暴露的问题却不会因此就烟消云散,问题就是既有许可项目的管理问题!

对照《行政许可法》的具体规定,这一问题的处理主要涉及该法第二十条。

首先是设定机关如果认为自己设定的许可不符合《行政许可法》的精神,应该对自己设定的许可及时修改或废止。结合到王某军案件涉及的个体经营户粮食经营资格的许可,国务院应该及时修改或废止这一许可资格,但直到目前为止,制定机关也没有修改或废止这一明显不合《行政许可法》精神的许可。实际上,当年《粮食流通管理条例》(2004 年修订)《粮食收购资格审核管理暂行办法》(2004 年制定)都晚于《行政许可法》(2003 年制定),也就是说一开始这一许可项目就已经不合乎《行政许可法》的相关规定。

自深化行政许可制度改革以来,罕见制定机关主动依据《行政许可法》进行清理不合行政许可法理的许可项目。

其次,《行政许可法》第二十条第二款规定:"行政许可的实施机关可以对已设定的行政许可的实施情况及存在的必要性适时进行评价,并将意见报告该行政许可的设定机关。"这一条款背后的法理逻辑比较模糊,实施机关本身存在的合法性往往就是某一许可项目的实施,让实施机关对行政许可的必要性进行评价并报告设定机关背后的法理逻辑比较模糊。行政许可项目好比是皮,实施机关好比是毛,皮之不存毛将焉附?很难想象某一具体行政许可实施机关主动报告某个实施项目没有存在的必要性了。长期以来,正是因为行政许可项目只生不死,只增不减,才导致许可项目清理已成行政许可清理的重大难题。

三、个体粮食经营许可证何去何从

王某军再审没有被追究刑事责任,让一直关心案件的人们松了口气。

王某军案件结束了，个体粮食经营许可证一事并不会当然终结，这一问题如果不解决，以后在一个不确定的时间点、一个不确定的地方还可能出现类似的案件。

通过国家粮食局的努力，这个问题的处置暂时有了过渡性方案。《粮食收购资格审核管理办法》（国粮政〔2016〕207号）第三条规定："农民、粮食经纪人、农贸市场粮食交易者等从事粮食收购活动，无需办理粮食收购资格。"

《粮食收购资格审核管理办法》是什么性质的规范？是什么层级的法律规范文件？这个文件的制定主体为"国家粮食局"，在这个文件的开头有这么一段话，"经商国家工商总局同意，我们对《粮食收购资格审核管理暂行办法》（国粮政〔2004〕121号）进行了修订"。

国家粮食局现在已经改为国家粮食和物资储备局，按照《深化党和国家机构改革方案》，新组建的国家粮食和物资储备局由国家发展和改革委员会管理。根据《立法法》《国务院组织法》的规定，部委下属的局是无权颁发规章的，其颁布的规范性文件（也就是广义上的红头文件）法律效力是比较低的，不属于《立法法》规定的法律规范的范畴。

如何理解经国家工商总局批准颁发的这个文件？第一，作为当时工商总局经管的国家粮食局，是国家工商总局下属单位，报批程序是一个正常的内部程序，一个批准程序不会改变这一文件的性质。第二，在行政法上，规范性文件的性质最终取决于发文主体的地位与性质，其直接的标志就是文件上的公章以及部门负责人的签署。

《粮食收购资格审核管理办法》属于一般行政规范性文件，因而其第三条规定的法律效力是相对比较弱的。粮食经营许可证制度是哪级规范确立的呢？无论2004年制定的《粮食流通管理条例》还是2016年修订后的《粮食流通管理条例》，对于个体粮食经营许可证的规定都是一致的。

2016年的《粮食流通管理条例》第二条规定："在中华人民共和国境内从事粮食的收购、销售、储存、运输、加工、进出口等经营活动（以下统称粮食经营活动），应当遵守本条例。前款所称粮食，是指小麦、稻谷、玉米、杂粮及其成品粮。"其第七条规定："粮食经营者，是指从事粮食收购、销售、储存、运输、加工、进出口等经营活动的法人、其他经济组织和个体工商户。"其第九条规定："依照《中华人民共和国公司登记管理条例》等规定办理登记的经营者，取得粮食收购资格后，方可从事粮食收购活动。"

根据这三条规定，能很清楚地得出结论，个体粮食经营者是需要办理许可证的，这一点是确定无疑的。《粮食流通管理条例》是国务院制定的，在性质上是行政法规。行政法规规定需要办理许可证，作为国务院下属机构的国家粮食局在其制订的行政规范性文件《粮食收购资格审核管理办法》中却规定"个体粮食经营者无需办理粮食收购资格"，这种同上位法相关制度不一致的特别规定，其合法性不够充分。

《粮食收购资格审核管理办法》规定个体粮食经营者无须办理粮食收购资格不仅同国务院的行政法规相悖，也违背了《行政许可法》的相关规定。对于一个事项是否需要设定许可，《行政许可法》有严格的规定。《行政许可法》第十七条规定："其他规范性文件一律不得设定行政许可"。其第十六条规定："规章可以在上位法设定的行政许可事项范围内，对实施该行政许可作出具体规定。"

《粮食收购资格审核管理办法》属于其他规范性文件，是不能设定抑或废止行政许可的，通过上文的分析，《粮食收购资格审核管理办法》第三条的规定尽管不完全合乎上位法的规定，但却是比较合乎一般自然法理的。相反，作为上位法《粮食流通管理条例》规定要求所有的粮食经营者都需要办理经营许可证这是不完全合乎《行政许可法》精神的。个体的粮食经营者不同于中央储备经营单位，他们的行为是可以由市场进行调节的，一刀切规定所有粮食经营者都需办理许可证不完全合乎粮食市场经营管理的一般法理，也不适应当下粮食经营市场的实际情况。

2004年的《粮食收购资格审核管理暂行办法》相关规定已经表明：一

刀切地要求所有的粮食个体经营者都办理经营许可证并不完全合乎《行政许可法》的精神。该办法规定年经营额 50 吨以下的个体经营者，无须办理许可；2016 年《粮食收购资格审核管理办法》进一步规定"农民、粮食经纪人、农贸市场粮食交易者等从事粮食收购活动，无需办理粮食收购资格"。

《粮食收购资格审核管理办法》的规定比《粮食流通管理条例》的规定更合乎经济和社会发展规律，更有利于发挥公民、法人或者其他组织的积极性、主动性。但国家粮食局没有按照《行政许可法》第二十条规定履行相关职责，即行政许可的实施机关可以对已设定的行政许可的实施情况及存在的必要性适时进行评价，并将意见报告该行政许可的设定机关。依法应该报许可设定机关修改甚至废除不适当的许可，最终变成了通过制定规范性文件改变了相关许可实施的条件。

如何解读这一改变呢？一种合理的解释便是：实施机关要求改变上位法的相关规定，在实践中和程序上是比较难以实现的，通过直接发布文件改变实践中做法要相对容易点。王某军案件后续的发展情况也证明了这一点。王某军案件已经过去多年了，《粮食流通管理条例》依然没有修改或废止个体粮食经营者需要办理经营许可的规定，但在《粮食收购资格审核管理办法》规定"农民、粮食经纪人、农贸市场粮食交易者等从事粮食收购活动，无需办理粮食收购资格"的情形下，以后类似王某军这样收购粮食的个体经营者再被定罪判刑的几乎是不可能了。

案例 8

中海建国际招标有限责任公司诉
甘肃省公共资源交易局案[*]

中海建国际招标有限责任公司（以下简称"中海建"）诉甘肃省公共资源交易局（以下简称"交易局"）一案，一审法院因诉讼被告不适格裁定驳回原告中海建的起诉，二审中上诉人的诉请没能得到法院的支持，上诉被驳回，维持原裁定。

一、本案被告分析

本案中最为重要的问题是甘肃省公共资源交易局是个什么机构，为什么说这个问题对于理解该案最为重要。一审法院裁定认定被告不适格因而裁定驳回起诉，也就是说该案没能进入实体审理程序。

交易局不是一般意义上的行政机关，根据行政法一般原理，行政机关的成立通常需要以组织法相关规定为依据。无论在国务院组织法，还是地方政府组织法中，都找不到设立公共资源交易局合法性依据。

---

[*] 行政裁定书（2016）甘行终 53 号。
本文涉及案件访问路径 https：//wenshu.court.gov.cn/website/wenshu/181107ANFZ0BXSK4/index.html? docId=41b3672c3327492ea5a44c6b0a04b220。

在一审法院裁定书中,法院梳理了设立甘肃省公共资源交易局的合法性依据。2013年5月11日,《甘肃省机构编制委员会关于印发〈甘肃省公共资源交易局主要职责内设机构和人员编制规定〉的通知》(甘机编发〔2013〕26号)规定,经省委、省政府同意,成立甘肃省公共资源交易局,为省政府直属正厅级事业机构,主要职责:……(六)为行业监管、行政监察提供平台,接受省公共资源交易管理委员会办公室、行业主管部门、监管部门等各方监督,见证场内各类公共资源交易活动,记录、制止和纠正违反交易现场管理制度的行为;接受有关方面的投诉并按职责分工及时处理,建立入场各交易主体的现场交易信用和纪律档案。

根据《中共中央国务院关于分类推进事业单位改革的指导意见》,我国的事业单位分为三个类别,分别为承担行政职能、从事生产经营活动和从事公益服务。对照甘肃省公共资源交易局第六项职能不难判断得出,该局属于承担行政管理职能的事业单位。

从行政法治视角观察,甘肃省公共资源交易局这一事业单位的合法性是不够充分的。

其一,不合事业单位整个改制的内在发展规律。国务院的改革意见是2011年下发的,甘肃省批准这一机构是2013年,严格意义上说这个机构的合法性有问题,最起码有瑕疵。在国务院的意见中,到2020年要完成事业单位的改革,对于从事行政管理的事业单位要通过改制纳入行政机关体制,事业单位的改革最主要的是清理历史上形成的事业单位体制。《中共中央国务院关于分类推进事业单位改革的指导意见》颁发后还成立甘肃省公共资源交易局这样的事业单位其合法性不够充分。如果是因行政管理所必须而成立这样的机构,直接纳入相关行政机关内设机构岂不更合乎意见的精神?一方面国务院在改革相关事业单位,另一方面地方在新成立这样的事业单位,加大了事业单位改革的难度,从法理上、逻辑上都显现了一种不足与混乱。依法治国方略要求治国要依照事物的内在法理。省政府批准程序满足了交易局产生的程序要求,但这样的批准并不能提升交易局作为事业单位的法理要求。面对全国"一盘棋"的事业单位改革，冻结那些新成立承担行政管理职能的事业单位应该是最为合乎法理的选择。然而，很遗憾类似这样的交易局不止甘肃一家，这样的机构是全国性的，很多地方都成立了这样的事业性的交易局，为什么不直接纳入行政机关体系？这样做法律依据何在？中央三令五申要求，凡属重大改革都要于法有据，要高度重视运用法治思维和法治方式，发挥法治的引领和推动作用，确保在法治轨道上推进改革。全面成立这样的事业单位与重大改革于法有据的要求有不少差距。

其二，这样的机构设置程序不够完善。国家机构的设置是整个行政法治的基础，重大的机构设置不仅需要有内在合法性基础，同样需要程序合法性予以保障。省委、省政府批准就可以成立这样系统性的具有行政管理职能的事业单位吗？交易局被定位为正厅级的事业单位，这样的事业单位是否需要人大予以批准？其负责人是否需要人大批准呢？依循"法无授权不可为"的基本原理，成立这样的准机关性质的事业单位，在程序上存在明显的漏洞。

另外，"甘肃省公共资源交易局"这个名字不合行政法理。某某局或某某管理局通常是政府职能部门的名称。无法证实当初用这个名字的动因是什么，有可能一些人认为这样的事业单位就是行政机关系列，也有可能就是这么一说也没太介意，还有可能借用这个貌似行政机关的大名好办事，毕竟全社会对于政府的权威是比较敬畏的。若告知一个社会主体或公民说这个交易局不是行政机关，他们不一定会相信你说的话。本案一审法院正式告知原告本案被告不适格，需要变更被告，原告对于法院的告知显然是不相信的，说不准原告认为法院在忽悠他们，明明是交易局怎么被告不适格了？冒着立不上案的风险也不同意变更被告，可见这个局在社会公众心中普遍认同。

事实上，这样的机构在全国各地的名称是不同的，有的地方叫交易平台，有的地方叫交易中心，也有不少地方叫作交易局。叫作交易局自然能获得权威上的加分，但这样的权威加分在法理上则是减分项，什么局无论是在老百姓心里，还是在法理上通常是行政机关的专有名称，把事业单位名称叫作交易局太不讲究了，也可能是太讲究了。

交易局下属的内设部门也很符合一般机关内设机构的设置模块。在官网上可以清晰地看到机构设置的行政机关化特点。内设部门分为：综合处、技术中心、开标组织处、评审组织处、监督处（见证投诉中心）、受理服务处、矿权处、政府采购中心、医药采购处、产权处、办公室、机关党委、机关纪委、纪检监察。局、处、办等这样的内设部门，要让原告相信被告不具有行政管理职能，不具有行政主体资格真不是一件容易的事情。

一个貌似机关的事业单位能不能成为行政诉讼的被告呢？毫无疑问是完全可以的。行政主体一般分为两大块，一块为行政机关，另一块为法律、法规授权的组织，新行政诉讼法把被告的范围拓展到了法律、法规、规章授权的组织。授权的范围包括事业单位、社会团体、内设机构等，交易局作为授权组织成为被告没有任何法律上的障碍。

一审法院通过梳理发现，2013年7月17日，甘肃省人民政府发布的《甘肃省人民政府关于印发〈甘肃省省级公共资源交易市场监督管理办法〉的通知》（甘政发〔2013〕65号）第五条规定："经省政府批准，建立统一规范的省级公共资源交易市场，设立省公共资源交易管理委员会及其办公室，对本省公共资源交易实施统一管理和综合监督；成立省公共资源交易局，为省级公共资源交易活动提供场所，为市场主体提供服务，为政府监管提供平台。"正是基于此规定，法院认定被告不适格，裁定驳回起诉，但法院并没明确适格的被告就是省公共资源交易管理委员会。

能否根据上述第五条推定出被告不适格呢？这是本案最为核心的问题。法院裁定缺乏必要的进一步说理，在二审法院的裁定中依然没有进一步说理。

行政诉讼制度是针对行政行为合法性审查进行设计的，根据本案有限的材料梳理，我们可以看得出本案涉及的行政行为有行政收费、行政许可

案例 8 中海建国际招标有限责任公司诉甘肃省公共资源交易局案

及抽象行政行为（规范性文件）。

假设原告缴清了相关费用，则可以顺利进场招投标，就不会出现原告起诉的情形。正是因为原告不满交易局的几项收费规定并拒绝缴纳，结果被交易局挡在场外，也就是拒绝了原告入场的申请。整个过程可以非常明确地看到交易局的管理行为，即对于拒交费用者禁止进场交易。交易局的产生有明确的文件依据，可以视为规章授权的组织，因而把交易局作为被告在行政法理上没有障碍。

容易产生歧义的地方在于，交易局"为省级公共资源交易活动提供场所，为市场主体提供服务，为政府监管提供平台"。这句话中为市场主体提供服务可不可以理解为行政行为呢？交易局一个重要的工作模块就是收费进场交易，不收费禁止进场交易。这毫无疑问属于行政行为，属于行政许可行为。对于合乎条件的申请者同意其进场交易完全符合行政许可法规定的构成要件。《行政许可法》第二条规定："本法所称行政许可，是指行政机关根据公民、法人或者其他组织的申请，经依法审查，准予其从事特定活动的行为。"一般的许可，外部表现为许可证或执照，本案的许可因不是持续的行为，属于一次性进场招投标行为，其外在形式没有表现为许可证，表现为同意进场交易这一现场行为，这是一种合理常识认知，在缴纳相关费用后应该会有个进场证之类的，也可能只凭缴费凭证就可入场交易了。案件中对于进场交费理解为许可进场交易的实施前提条件，比较贴合行政许可法的相关规定。

该案中容易引起误会的是公共资源交易管理委员会的地位。如果交易局不是适格被告，适格的被告是谁呢？法院在一审二审中没有明确。

一种可能，本案根本就不属于行政诉讼，因而也就不存在所谓的被告问题。很显然，中海建因不满足进场交易条件被管理者禁止进场交易，这不属于一般的民事法律关系。招标者投标者进场交易是招投标法的规定，交易局与招投标参与各方（包括招标方、投标方、代理机构等中介服务组织等）之间不属于平等的民事法律关系。招投标参与方被允许进场交易，

103

最后不是和交易局而是招投标双方形成民事法律关系。能不能进场交易对于招投标双方是不能选择的，是相关行政法律规范确立的招投标相关参与方需要遵守的行政法意义上的义务，若不遵守相关规定一定会遭到行政处罚。这种要求进场交易对于交易局来说则是追求公共资源交易过程的透明、规范、公平，属于典型的行政管理关系，具有明确的行政管理目的，交易局对于进场交易的招投标双方以及相关中介机构的管理属于典型的行政管理关系。

如果是行政管理关系，在材料中出现的无非是公共资源交易管理委员会及其办公室。办公室一般作为办事机构不具备行政主体资格，这是行政法的基本常识，除非这种办公室是独立设置且有相关的法律法规规章的明确授权。在行政法中比如拆迁办、征收办之类的办公室，这样的办公室有行政法规的相关授权，因而获得了独立行政主体资格。本案中出现的办公室表述为"设立省公共资源交易管理委员会及其办公室"。"及其办公室"一种理解为公共资源管理委员会和公共资源管理办公室，这是两个独立的机构，这样的理解也具有一定文法意义上的合理性，但不合常识，委员会作为一个管理主体需要相应办公室经办落实委员会的具体事务。另一种，是把这个办公室理解为公共资源交易委员会下设的办公室，更合乎行政法惯例与常识。委员会需要具体开展工作，相关的工作是通过办公室予以完成的，这样理解"及其办公室"更合乎逻辑。

如此来看，适格的被告应该是交易委员会了。但是，把该委员会作为适格被告在法理上是不通的。

研判行政法律关系主体不能脱离相对人以及具体行政行为，在公共资源交易过程中不存在委员会与相对人之间权利义务的描述与规定，相对人也不和委员会之间产生任何可研判的法定权利义务关系。相对人按照法定条件进场与被禁止进场、缴纳相关的费用与保证金，以及因不合规的行为被纳入不良交易记录等行政管理行为都是与交易局之间产生的权利与义务关系。没有权利与义务关系是不可能存在适格被告问题的。

那么如何理解"设立省公共资源交易管理委员会及其办公室,对本省公共资源交易实施统一管理和综合监督"这样的职能呢?交易委员会统一管理和综合监管的职能显然不是针对相对人的,交易委员会的这一职能或职权是对全省范围内的交易局而言的,交易局在日常的管理中是否依法履行相应的职责的监管者应该是省交易委员会及其办公室。正如在学位管理中,学生与学校之间形成学位行政管理关系、学校与教育行政管理部门形成监管关系、学生在学位管理中与教育主管部门不形成直接的行政法律关系。在本案的法律关系中,参与各种进场交易管理关系的主体是交易局与招投标双方以及各种中介组织。当交易局与进场交易各方产生行政管理争议时,委员会作为主管部门依法进行处置,委员会属于交易局的主管部门合乎当下的实际情况,当下的事业单位,无论是否承担部分行政管理职能都有对应的主管部门。

二、原告诉讼请求分析

本案另一个值得关注的点是原告的诉讼请求,尽管该案没能进入实体审理,这并不妨碍我们对原告的诉讼请求做进一步法理剖析。本案原告的诉讼请求有:(1) 同意招标代理机构工作人员进入评标现场;(2) 停止省交易局收取投标(竞买)保证金;(3) 停止省交易局收取招标文件费用;(4) 停止省交易局扣取 5% 的招标文件费用,并全部返还招标代理机构;(5) 停止省交易局向招标代理机构收取场地设施租赁服务费;(6) 一并审查《甘肃省省级公共资源交易市场监督管理办法》(甘政发(2013)65号)和甘发改服务(2014)1719号文件。

《行政诉讼法》规定,原告提起诉讼的条件之一是需要有具体的诉讼请求。乍一看,本案似乎有具体的诉讼请求,一共有 6 项,但根据行政诉讼一般原理仔细分析,本案不满足行政诉讼请求必须具体化的规定。该案因被告不适格而未能进入实体审理,事实上,即便被告适格,该案也很难被立案并进入实体审判。

本案的 6 项请求大致可以分为三种类型，第一项请求可以单列一种，第 2、3、4、5 项可以列为第二种，第 6 项可列为第三种。

《行政诉讼法》第二条规定：公民、法人或者其他组织认为行政机关和行政机关工作人员的行政行为侵犯其合法权益，有权依照本法向人民法院提起诉讼。也就是说行政诉讼应该围绕行政行为展开合法性合理性审视，不履行法定职责属于行政行为特殊情形，属于行政行为一种特殊形态。第一项请求是"同意招标代理机构工作人员进入评标现场"。交易局的禁止原告进场的行为究竟是一种什么行为需要进一步分析。原告用了"同意"一词，也就是说被告不同意原告进场。可不可以诉请被告履行法定职责呢？履行法定职责通常是指被告不履行相应的法定义务，就本案来说，被告的行为不合乎这一基本要求，被告正是履行法定职责"拒绝原告进场交易"。

被告禁止原告入场可否理解为一种行政命令呢？从形式上看禁止入场符合行政命令的一般要求，但行政命令通常都是赋予相对人作为或不作为某种义务，就本案来说交易局没有赋予原告特定义务。从本案的实际情形来看，原告作为投标方需要进场交易，因原告不满意进场交易需要缴纳的数种费用而被交易局拒于场外。

我们暂且不去分析这些费用是否该缴，还原整个事情的逻辑应该是这样的：相关规定要求进场交易需要缴纳几种费用，如果不缴纳交易局将履行相应职责，拒绝相关人员进场以交易。用行政行为理论来分析，这一事态可以理解为交易局作出了拒绝原告的许可。《行政许可法》第二条规定：本法所称行政许可，是指行政机关根据公民、法人或者其他组织的申请，经依法审查，准予其从事特定活动的行为。许可行为包括做出许可、拒绝许可、变更、续展等行为方式。本案争议行为的性质定性为拒绝许可合乎行政法理。当然，本案中许可行为没有表现为某种许可证形式，同意许可形式简单化为能否进场交易。

案例 8
中海建国际招标有限责任公司诉甘肃省公共资源交易局案

这样理解拒绝进场的行为性质，是不是意味着原告的第一项请求就是具体的呢？要回答这一问题还需要回到设置行政诉讼制度的基本宗旨，行政诉讼主要审查的是行政行为的合法性，特殊情形下也可对行政行为的合理性进行判断并做出裁判。我们发现，原告的第一项请求根本背离这一制度的前提，所谓的"同意招标代理机构工作人员进入评标现场"，这是一项属于行政管理权限的请求。行政诉讼中司法权可以判断行政争议是否合乎法的精神，特殊情况下为了减少当事人的诉累可以变更判决，但在一般情况下应该尊重行政初判权而不宜越位直接代替行政主体做出行政行为。本案原告的第一项请求实际上是要求交易局履行行政管理权限，这一请求形式具体，实质上根本不属于行政诉讼审查范围。

原告的第 2 至第 5 项请求取消进场交易需要收取保证金、文件费用、5%的招标文件费、场地设施租赁服务费等。根据案情分析，原告并没有缴纳相关费用，如果缴纳了相关费用就不会发生被拒绝进场的情形，如果缴纳了相关费用，请求应该表述为返还已缴纳的相关费用才合乎常情。

要求缴纳相关费用的规定也许不合理甚至不合法，但这并不代表原告就可以提起行政诉讼，这样貌似具体的请求缺乏更为基本的前提条件——存在某一客观的行政行为，具体到本案也就是不合法的收费行为。本案缴费行为没有发生，因而根本无所谓行政诉讼。对于要求缴纳相关费用的不满，原告完全可以依法举报投诉。对于根本未发生实际侵犯原告合法权益的假想行为提起行政诉讼违背了行政诉讼基本规定。

对于第 6 项请求，同样存在貌似具体实则不合行政诉讼基本法理的情形。该项请求尽管用了关键词"一并"，但并没有明确什么样的行为是依据甘政发（2013）65 号和甘发改服务（2014）1719 号文件作出的。如果根本不存在某种行为是依据上述文件而做出来的，"一并审查"的请求就嬗变为对这两个文件单独审查，属于对抽象行为的独立审查请求，不属于行政诉讼的请求范围。

由此可见，该案即便没有因被告不适格被裁定不予立案也存在诉讼请求不具体被裁定不予立案的可能。

三、法院释明权分析

在二审裁定中上诉人有这么一段叙述"一审法院虽然告知上诉人是否愿意变更被告,但未明确告知上诉人错列理由,也未说明适格的被告是哪一方"。不晓得变更谁为被告,也就谈不上拒绝变更被告了。

二审法院认为经查阅一审案卷材料,卷中反映出一审法院于2015年11月30日下午明确告知上诉人上述内容并制作了笔录。故上诉人认为一审法院未告知其错列被告理由的陈述与事实不符。由于本案中上诉人权益受损的救济途径并非行政诉讼,尚不具备起诉的条件,一审法院没有告知适格被告并无不妥。

上述材料很有意思,至少可以得出这么几个信息:一是一审法院告知了原告错列被告并说明错列被告的理由;二是一审法院关于错列被告的解释没能让原告信服;三是一审法院要求变更被告,但并没有告知适格被告是谁;四是二审法院认为本案的救济途径非行政诉讼,因而没有告知适格被告并无不妥。

(一) 对于一审法院告知理由的分析

从"设立省公共资源交易管理委员会及其办公室,对本省公共资源交易市场实施统一管理和综合监督"无法得出交易局不行使行政职能的结论。公共资源交易委员会及其办公室显然不是针对相对人的法定管理机构,主要是对全省公共资源交易市场实施统一管理和综合监督,该委员会及其办公室的主要工作对象是全省范围内的各个交易市场,并不是进入各个交易市场的招投标参与人以及相关的中介服务机构。

"成立省公共资源交易局,为省级公共资源交易活动提供场所,为市场主体提供服务,为政府监管提供平台",无法得出交易局不行使行政职权,相反行政职权非常清楚:为市场主体提供服务。服务是行政职权的题中之义,现代行政早已突破了早期管理论的窠臼,为了建立统一规范的省级公共资源交易市场,交易局进行的规范、完善信用制度的活动既是服务也是正常的行政管理。不能因为文件中用的是为"市场主体服务"就推出交易局的"服务"履行的不是行政管理职能,这样理解未免太望文生义。当下,全国很多地方为了强化行政管理,方便当事人办事,成立了"政务服务大厅",总不能说公安局、市场监管局、教育局等进驻服务大厅,这些机构就不是行政机关,履行的就不是行政管理职能。一审法院"可见,省公共资源交易局为服务机构,并不行使行政职权"的解释,生硬地割裂服务与行政管理的关系,混淆委员会对交易局的监管和交易局对参加交易相关相对人(包括招投标方相关中介服务机构)的管理两者之间的关系。一审法院推理中的"可见"未必"真的可见",至少没能说服原告变更被告,这是事实。

(二) 告知被告不适格,却不告知适格被告违背立法精神

一审法院通过一番说理,告知原告被告不适格,因而裁定不予立案。一审法院的做法并不直接违背行政诉讼法的规定。2014 年《行政诉讼法》第五十一条第二款只规定了"裁定书应当载明不予立案的理由"。但在 2015 年司法解释第一条第二款明确要求"起诉状内容或者材料欠缺的,人民法院应当一次性全面告知当事人需要补正的内容、补充的材料、期限"这样的规定是为了保障当事人的诉权。一审法院于 2015 年 11 月 30 日下午明确告知上诉人被告不适格的情况下,原告询问适格的被告,法院应该告知适格被告,这样更符合全面告知的要求。一审法院不告知适格被告只裁定被告不适格很难让原告信服,原告提起上诉导致诉讼程序的空转,损害了当事人起诉基本要求。

（三）对二审法院认为"本案的救济途径非行政诉讼，因而没有告知适格被告并无不妥"的分析

《甘肃省省级公共资源交易市场监督管理办法》第三十五条规定："省公共资源交易局在组织现场交易活动时，未按规定履行有关职责，影响交易活动正常进行并造成严重后果的，由省公共资源管理委员会办公室或监察机关责令改正，并由监察机关依法追究有关人员责任。"根据上述规定，对省公共资源交易局的行为不服的，可以向省公共资源管理委员会办公室或监察机关反映要求处理。二审法院据此认为，本案的救济途径非行政诉讼有一定依据。但若要仔细分析，这样的结论并不合法理。

《甘肃省省级公共资源交易市场监督管理办法》（甘政发〔2013〕65号）在性质上属于一般规范性文件，即便经过省政府认可，在法的效力上最多属于规章层级。关于第三十五条的规定，实质上是属于争议处置前置条款，因没有对于委员会处理决定不服可以依法提起诉讼的规定，这一条事实上变成了争议解决终裁的条款。

二审法院就是依据此条规定认定本案救济途径非行政诉讼。2014年《行政诉讼法》第十三条第四项明确规定："法律规定由行政机关最终裁决的行政行为"，人民法院不受理。因终裁规定严重限缩了相对人的诉权，《行政诉讼法》规定能够设定终裁的只能是狭义上法律。二审法院根据一个文件或规章得出结论不合法律强制性规范，推理过于牵强。

上述人提起上诉理由之一是一审法院没有告知适格被告，二审法院依法应该直接答复是否应该告知适格被告，但二审法院没有告知适格被告却以被告不适格裁定不予立案，这是违法还是瑕疵？抑或二审法院做法是合乎法律的？在笔者看来，二审法院的"并无不妥"的结论也许真的不妥。

案例 9

斯维尔诉江西省物价局江西省住建厅案[*]

2017年11月2日，江西省物价局在其官网江西省工程造价信息网发布了《关于开展对2017版〈江西省建设工程定额〉配套使用的计价软件进行首次综合测评工作的通知》。通知要求，凡相关正规软件企业以2017版《江西省建设工程定额》为依据开发形成的计价配套软件，在正式进入市场销售使用前，必须按规定向物价局申请综合测评，经综合测评合格后方可在江西省建设工程计价活动中使用。凡在江西省行政区域内从事建设工程计价活动的单位和个人，须以经综合测评合格的建设工程计价软件作为计价工具；对使用未经综合测评或综合测评不合格的建设工程计价软件所完成的工作成果，不得作为工程造价计价的依据。受江西省住建厅委托，物价局全面负责全省建设工程计价软件的综合测评工作，相关综合测评结果将在江西省工程造价信息网上公布。

深圳市斯维尔科技股份有限公司（以下简称"斯维尔"）于2018年1月18日前往江西南昌铁路运输法院递交行政起诉状，起诉江西省住房和城乡建设厅和江西省建设工程造价管理局。

斯维尔认为，两被告以软件测评的名义，违法设置江西省计价软件市

---

[*] 本文涉及案件访问路径 https://mp.weixin.qq.com/s/QWkofl6j6y6uXtTwYA-ICA。

场准入的障碍和增加生产经营成本，破坏公平竞争秩序，属于行政垄断行为和违反公平竞争审查义务的行为，侵害了斯维尔的公平竞争权。

斯维尔在起诉书中列出了 12 项诉讼请求，主要包括：

依法确认住建厅授权物价局以软件测评名义限定江西省工程计价软件市场仅 5 名经营者进入，变相设置江西省计价软件市场进入障碍的行政行为违法，责令两被告立即停止违法行为；

依法确认住建厅在江西省人民政府《关于在市场体系建设中建立公平竞争审查制度的实施意见》规定的期限内未履行对其颁布的违反公平竞争的存量规范性文件进行公平竞争审查的行为违法；

依法确认两被告对以计价软件测评名义实施的限定江西省工程计价软件市场仅 5 名经营者进入，变相设置江西省计价软件市场进入障碍的政策措施未依法履行公平竞争审查职责的行为违法；

依法撤销物价局以自己名义发布的关于《2017 版〈江西省建设工程定额〉配套使用计价软件综合测评工作结果公示》，并要求物价局在其官网江西省工程造价信息网同样位置进行公告至少 30 日；

依法撤销住建厅以江西省住房和城乡建设厅名义发布的《关于公布我省第一批 2017 版工程定额配套计价软件综合测评结果的通知》，并要求其在江西省工程造价信息网同样位置进行公告至少 30 日；

依法判决住建厅在判决书生效后 15 日内履行对其规范性文件《关于加强建设工程计价软件管理的通知》《江西省建设工程计价管理办法》，进行公平竞争审查的法定职责。

立案庭收下了立案材料，但表示由于案件太新颖，需研究后 7 日内书面回复。1 月 23 日，法院通知原告方可以去办理案件受理手续，填写立案材料。

案件于 2018 年 7 月 4 日因原告申请撤诉而结案（行政裁定书（2018）赣 7101 行初 132 号）。

一场轰轰烈烈的案件因撤诉归于平静，该案有不少问题值得从行政法角度去解读。

一、本案起诉期限的分析

本案起诉期限是一个值得思考的问题。原告斯维尔公司于 2018 年 1 月 18 日前往江西南昌铁路运输法院递交行政起诉状,立案庭收下了立案材料,但表示由于案件太新颖,需研究后 7 日内书面回复。1 月 23 日,法院通知原告方可以去办理案件受理手续,填写立案材料。1 月 25 日,魏士廪律师专程前往南昌,办理立案手续并交纳诉讼费用,"公平竞争审查"诉讼第一案正式立案。

本案起诉期限该如何起算?《行政诉讼法》第四十六条规定:"公民、法人或者其他组织直接向人民法院提起诉讼的,应当自知道或者应当知道作出行政行为之日起六个月内提出。法律另有规定的除外。因不动产提起诉讼的案件自行政行为作出之日起超过二十年,其他案件自行政行为作出之日起超过五年提起诉讼的,人民法院不予受理。"

要确定本案起诉期限,首先就得明确本案所争议的行政行为是什么。在原告提供的证据中,可以判断出本案起诉源于两份公告。公告一:2017 年 12 月 22 日江西省公布的《关于公布我省第一批 2017 版工程定额配套计价软件综合测评结果的通知》(赣建价〔2017〕10 号),要求"对使用劣质和未经综合测评合格的工程计价软件行为要依法依规进行查处。"公告二:2018 年 1 月 3 日,江西省公布了《江西省第一批综合测评合格计价软件企业销售及服务电话》,公告五名"合格"计价软件及其销售服务联系方式。

在公告出来后,本案原告斯维尔认为公告侵犯了其合法权益,依法提起行政诉讼,从时间上看,无论是从公告一 2017 年 12 月 22 日起算,还是公告二 2018 年 1 月 3 日起算,原告斯维尔公司于 2018 年 1 月 18 日前往江西南昌铁路运输法院递交行政起诉状都符合行政诉讼法规定的起诉期限允许的范围。

但是仔细分析案件，本案起诉期限的计算还是存在问题的，《关于公布我省第一批 2017 版工程定额配套计价软件综合测评结果的通知》以及《江西省第一批综合测评合格计价软件企业销售及服务电话》两个公告最终确定了五家符合条件的经营者进入计价软件市场提供服务，斯维尔公司因不在第一批名单中故提起行政诉讼，两个公告都明确了是"第一批"综合测评结果，这两个公告是不是最终只准许这五家公司而排除了其他公司进入市场是不明确的，"第一批"综合测评结果也就意味着这一行为并没有终结，测评还有可能陆陆续续进行，会有第二批公告结果，甚至可能有第三批公告结果，对一个没有终了的公告行为提起诉讼，起诉期间根本无从谈起。

在逻辑上存在这样一种情形，斯维尔公司可能在第二批次中，如果法院就第一批公告进行审理时，含有斯维尔公司的第二批公告出来了，就会使得整个行政诉讼合法性和必要性都没有了基础。

事实上，本案后来就是因为第二批包含斯维尔在内的公告出来，斯维尔公司撤诉了。

二、被告资格问题

本案被告一为江西省住房和城乡建设厅，被告二为江西省建设工程造价管理局。根据行政诉讼法的规定，提起行政诉讼需要有明确的被告，本案是否可以把这两个单位确定为共同被告需要原告进一步说明。

本案的两个被告单位是共同作出了某一行政行为？还是这两被告负有共同的法定职责没有履行？还是这两个被告作出相同或类似的行为，原告认为有充分理由共同进行诉讼？本案诉讼请求多达十多项，分别关涉到这两个单位，把这样两家单位放到一个行政诉讼中，正常情况下是很难立案的。

从行政法角度观察，本案被告二为江西省建设工程造价管理局，这是一个极易引起误解的被告,从资料搜索来看,没能找到工程造价管理局官方网站,在江西省住建厅网站公布的内设部门或机构来看,工程造价管理局也不是其内设机构或部门。

工程造价管理局这一名称无论从其名称还是职能都很容易误解为行政机关,事实上这个局不属于行政机关,其性质究竟是什么？江西省建设工程造价管理局是江西省住房和城乡建设厅直属事业单位。工程造价管理局能否作为被告？行政主体通常包括行政机关以及法律、法规、规章授权组织,本案在排除工程造价管理局为行政机关的情况下,工程造价管理局只有在法律、法规、规章授权的情形下才有可能成为被告。

工程造价管理局在名称使用上确实存在不合通常法理和不合一般公众认知的情况。一般冠名某某局的通常应为国家机关,事业单位冠名某某局容易导致误会。司法实践中就发生过以冠名某某局的事业单位为被告,结果被法院以被告不适格为由驳回起诉的情形。

这种情形的出现有历史的缘由,有些政府成立的事业单位经过专门的授权获得一定的行政管理权,这样的授权有一定的法理依据,相关的行政管理工作由这些事业单位行使,可以弥补一般行政管理专业性相对薄弱的劣势。专业性几乎是这类机构从事行政管理最为充分的法理依据。这样的法理依据不应该是长期持续的,毕竟我们行政机关管理专业化应该补上这一课,住建局这样的管理机构其专业性必须要满足行政管理的要求,不能长期把属于自身行政管理的职能授权给一个事业单位来行使。由一个准营利性质的事业单位行使管理权,这样官商不分的情形,很容易导致事业单位蜕变为红顶商人的角色,最终背离制度设计之初衷。

工程造价管理局这样的事业单位行使行政管理权即便有这样的合法依据,其使用某某局也是不符合一般公众认知的,一般这样的事业单位,大多称为某某中心,称为某某中心凸显其主要职能,容易区分它与行政机关的差异。

这样的事业单位存在的主要法理依据为提供专业性服务,当然这样的服务通常都是有偿服务，政府最为有效的管理是培育独立的专业服务机构，把这些独立的机构转变为独立的市场主体，让这些主体开展独立的市场行为，政府管理机关采取各项管理措施管理这些市场化的中心。这样形成三方互动的管理生态，效果要好于那种官不是官、商不像商的双重生态。在双重生态情形下，虽说这些事业单位有相应的行政管理机关监管，但这些监管机关往往是以上级婆婆身份存在的，很难形成良性的竞争互动秩序。

三、案涉《通知》的性质分析

依法行政要求行政主体行政时要有明确的法律规范依据。这里的法主要是具有正式法律效力的法律规范，包括狭义上的法律、行政法规、地方性法规、规章。但在当下似乎正式的法律规范远不能满足行政管理的需要。其中一个突出的现象，就是在实际行政中极其广泛地依据各色各样的规范性文件。本案中就包括：(1)《关于开展对2017版〈江西省建设工程定额〉配套使用的计价软件进行首次综合测评工作的通知》（赣建价发〔2017〕17号）；(2) 2017版《江西省建设工程定额》；(3)《关于加强建设工程计价软件管理的通知》（赣建价〔2005〕10号）；(4)《江西省建设工程计价管理办法》（赣建字〔2010〕3号）；(5)《国务院关于在市场体系建设中建立公平竞争审查制度的意见》（国发〔2016〕34号）；(6) 2017年10月，五部门（国家发改委、财政部、商务部、工商总局、国务院法制办）联合印发《公平竞争审查制度实施细则（暂行）》；(7)《住房和城乡建设部关于加强和改善工程造价监管的意见》（建标〔2017〕209号）；等等。

规范性文件在行政法理论中属于抽象行政行为，对其法律效力的判断，通常是当然认可的，可以作为行政的直接依据。当然如果发现这些规范性文件违背了上位法或一般常情，可以提出审查要求。行政诉讼法已经明确规定可以对一般规范性文件提出审查请求。在行政复议法中也有可以一并审查规范性文件的规定。

对于一般规范性文件有其存在的必要性的一面，因为从法律规范层面到具体行政过程中，确实存在需要进一步明确的操作性内容。通过一般规范性文件予以明确有利于法律实施的统一。但是实践中，一般规范性文件存在的问题真是到了积重难返的程度：一是存在层层发文、过多过滥的问题；二是存在粗制滥造，合法性、科学性得不到保障的问题。

本案涉及不少规范性文件，其中有一则通知对理解本案非常重要。《关于开展对2017版〈江西省建设工程定额〉配套使用的计价软件进行首次综合测评工作的通知》（赣建价发〔2017〕17号）。这一通知发文时间是2017年11月1日，发文单位为江西省建设工程造价管理局。本案诉争根由就在于这一则通知，其主要内容就是三句话：一是凡相关正规软件企业使用2017版《江西省建设工程定额》为依据开发形成的计价配套软件，在正式进入市场销售使用前，必须按规定向该局申请综合测评，经综合测评合格后方可在江西省建设工程计价活动中使用。二是凡在江西省行政区域内从事建设工程计价活动的单位和个人，须使用经综合测评合格的建设工程计价软件作为计价工具；对使用未经综合测评或综合测评不合格的建设工程计价软件所完成的工作成果，不得作为工程造价计价的依据。三是受省住建厅委托，江西省建设工程造价管理局全面负责全省建设工程计价软件的综合测评工作，相关综合测评结果将在江西工程造价信息网上公布。

这样一则通知在当下具有典型性，可以说每个省都有类似的规定，其反应的问题具有相当的普遍性。从本质上说无论是住建局还是直属的造价局在行政管理中行使的都是一种行政管理权而非立法权。授予行政主体某项权力在行政法层面而言是很重大的事项，根据立法法的规定，行政机关的权力只能有狭义上的法律予以规定，通常需要有组织法的规定为依据。对于一些单项的行政管理权授权，最起码需要狭义上的单行法律予以规定。

在这一通知中我们看到造价局采用近乎自我授权的办法完成了一项极不平常的授权。受省住建厅委托就成了最大的合法性。住建厅自身都不具备的权力，经过一句受委托就获得了一项影响市场的权力。实践中某一事业单位通过一则通知就完成了自己授权，这是值得关注且令人担忧的事。

从内容上看，这则通知涉及内容主要是行政许可内容。第一项是从服务方来说，计价软件在经过造价局测试前不可以进入市场。第二项是从接受服务方来说，接受未经测试的计价软件是不允许的。这则通知的内容属于设定准入性许可条件是很明确的。经考核达到要求则合法，达不到要求则违法。

对照行政许可法可以清晰地看出这一通知的任性与违法。《行政许可法》第十二条第四项对设定行政许可有明确规定："直接关系公共安全、人身健康、生命财产安全的重要设备、设施、产品、物品，需要按照技术标准、技术规范，通过检验、检测、检疫等方式进行审定的事项。"

案涉的计价软件服务项目与公共安全、人身健康、生命财产安全没有什么内在关联，增设这一项目准入许可明显违背行政许可法基本法理。《行政许可法》第十三条明确规定了可以不设行政许可的情形：公民、法人或者其他组织能够自主决定的；市场竞争机制能够有效调节的；行业组织或者中介机构能够自律管理的；行政机关采用事后监督等其他行政管理方式能够解决的。提供计价软件市场服务行为应属典型的无需设立许可的情形。

《行政许可法》中对于设定权限有明确规定，即规章对实施上位法设定的行政许可作出的具体规定，不得增设行政许可；对行政许可条件作出的具体规定，不得增设违反上位法的其他条件。也就是说住建部的规章都不得设定许可的，住建厅就更无权设定许可了。《行政许可法》第十七条规定其他规范性文件一律不得设定行政许可。

在国务院关于严格控制新设行政许可的通知（国发〔2013〕39号）中明确规定国务院部门规章和规范性文件一律不得设定行政许可，不得以备案、登记、年检、监制、认定、认证、审定等形式变相设定行政许可，不得以非行政许可审批为名变相设定行政许可。行政许可法是2004年生效的，国务院关于严格控制新设行政许可的通知是2013年生效的，本案涉及的通知是2017年生效的。案涉通知明显违背《行政许可法》有关许可设定事项与设定权限的规定。

四、本案诉讼请求的分析

本案所提诉讼请求甚是独特，从媒体相关报道以及代理人的代理意见来看，原告提出了多项诉讼请求，大致可以概括为以下几个方面。

第一，依法确认住建厅授权物价局以软件测评名义限定江西省工程计价软件市场仅5名经营者进入，变相设置江西省计价软件市场进入障碍的行政行为违法，责令两被告立即停止违法行为；

第二，依法确认住建厅在江西省人民政府《关于在市场体系建设中建立公平竞争审查制度的实施意见》规定的期限内未履行对其颁布的违反公平竞争的存量规范性文件进行公平竞争审查的行为违法；

第三，依法确认两被告对以计价软件测评名义实施的限定江西省工程计价软件市场仅5名经营者进入，变相设置江西省计价软件市场进入障碍的政策措施未依法履行公平竞争审查职责的行为违法；

第四，依法撤销物价局以自己名义发布的关于《2017版〈江西省建设工程定额〉配套使用计价软件综合测评工作结果公示》，并要求物价局在其官网江西省工程造价信息网同样位置进行公告至少30日；

第五，依法撤销住建厅以江西省住房和城乡建设厅名义发布的《关于公布我省第一批2017版工程定额配套计价软件综合测评结果的通知》，并要求其在江西省工程造价信息网同样位置进行公告至少30日；

第六，依法判决住建厅在判决书生效后15日内履行对其规范性文件《关于加强建设工程计价软件管理的通知》《江西省建设工程计价管理办法》，进行公平竞争审查的法定职责。

对于如此多的请求，法院予以了立案，能够感受到法院对这一新型案件的包容。

2015年《最高人民法院关于适用〈中华人民共和国行政诉讼法〉若干问题的解释》第二条规定，行政诉讼法第四十九条第三项"有具体的诉讼请求"是指："（一）请求判决撤销或者变更行政行为；（二）请求判决行政机关履行法定职责或者给付义务；（三）请求判决确认行政行为违法；（四）请求判决确认行政行为无效；（五）请求判决行政机关予以赔偿或者补偿；（六）请求解决行政协议争议；（七）请求一并审查规章以下规范性文件；（八）请求一并解决相关民事争议；（九）其他诉讼请求。"

在最高人民法院的判例中多次提到行政诉讼中的行政行为，一般仅指一个行政机关作出的一个行政行为，或者两个以上行政机关共同作出的一个行政行为，而不包括同一行政机关或者两个以上行政机关作出的两个以上行政行为。否则，将既不利于法庭归纳案件争议焦点、查明案件事实，也不利于人民法院最终作出所指确定的裁判。

（一）对第一项请求的分析

第一项请求为：依法确认住建厅授权物价局以软件测评名义限定江西省工程计价软件市场仅5名经营者进入，变相设置江西省计价软件市场进入障碍的行政行为违法，责令两被告立即停止违法行为。

原告经营的软件经测评得到高分（92.63分）的情况下，因被告仅从数量上进行限制，指定前五名的计价软件及软件企业为"合格"而允许进入江西省市场。也就是说原告斯维尔排在五名之后，为何是前五而不是前六或者前十？《综合测评文件》总则部分第1.2条明文要求"择优确定一定数量"，并没明确规定前五，很明显这个前五认定缺乏足够的依据。

原告对这一行为采用描述的方法，没有依照《行政诉讼法》以及司法解释的相关规定，对第一项请求进行概括。案涉的"以软件测评名义限定江西省工程计价软件市场仅5名经营者进入，变相设置江西省计价软件市场进入障碍的行政行为"是一种什么类型的行政行为？立案时应该要求原告进一步明确诉讼请求，并依法做好释明告知工作，否则这样笼统的诉讼请求在案件审理时会产生不必要的纠缠与争议。

根据有限的案件材料，我们可以判断这是一种变相许可行为，软件企业依法具有经营自主权，本案被告却通过文件变相设置企业经营许可条件，这种行为是否合法需要通过进一步法庭审理才能作出判断。但把第一项请求概括为"确认行政许可行为"违法比较合乎行政诉讼相关法理。

（二）对第二项请求的分析

第二项请求为：依法确认住建厅在江西省人民政府《关于在市场体系建设中建立公平竞争审查制度的实施意见》规定的期限内未履行对其颁布的违反公平竞争的存量规范性文件进行公平竞争审查的行为违法。

同第一项一样，这一项诉讼请求同样存在诉讼请求不明确的情形，案涉的"确认住建厅在江西省人民政府《关于在市场体系建设中建立公平竞争审查制度的实施意见》规定的期限内未履行对其颁布的违反公平竞争的存量规范性文件进行公平竞争审查的行为"究竟是一种什么行政行为？是否属于行政诉讼可以受案的范围？这需要进一步分析。

这一请求可以概括为不履行法定职责违法。这一特定的法定职责究竟是什么呢？根据代理意见可以梳理出原告的真实意图，存量规范性文件在本案中是指"2017年11月1日公布的《关于开展对2017版〈江西省建设工程定额〉配套使用的计价软件进行首次综合测评工作的通知》（赣建价发〔2017〕17号）"。江西省人民政府《关于在市场体系建设中建立公平竞争审查制度的实施意见》中已经明确要求相关部门对相关存量规范性文件进行公平竞争审查。

原告的思路是，如果被告尽了公平竞争权审查义务，赣建价发〔2017〕17号文件应该会因侵犯公平竞争权而被废止，正是由于被告没有履行审查职责，才有了案涉的"计价软件首次测评工作"。

（三）对第三项请求的分析

第三项请求为：确认两被告对以计价软件测评名义实施的限定江西省工程计价软件市场仅 5 名经营者进入，变相设置江西省计价软件市场进入障碍的政策措施未依法履行公平竞争审查职责的行为违法。

这一项诉请与第一项、第二项请求关联性很强，其中的区别很不明了，行政诉讼要求起诉条件之一是有"具体的诉讼请求"。第三项请求不具体，行政行为概括也不明确，其作为一项独立请求甚是勉强，这样的诉请在庭审中必然会歧义不断。

（四）对第四项请求的分析

第四项请求为：依法撤销物价局以自己名义发布的关于《2017 版〈江西省建设工程定额〉配套使用计价软件综合测评工作结果公示》，并要求物价局在其官网江西省工程造价信息网同样位置进行公告至少 30 日。

原告第四项请求是一种什么行为？是否属于行政诉讼的范围？很显然这种公示行为在行政法上不是一个独立的行为，属于过程性的行为，不具有可诉性。起诉的原告不依照行政诉讼法相关规定提起诉讼请求，立案庭法官不依照行政诉讼起诉条件审查行政诉讼的请求，这种案件如若进入实体审查，很难想象会是一种怎样的局面。

对于"要求物价局在其官网江西省工程造价信息网同样位置进行公告至少 30 日"，代理意见里指出《行政诉讼法》第七十六条规定："人民法院判决确认违法或者无效的，可以同时判决责令被告采取补救措施。"这项请求尽管超出了司法解释的一般列举范围，但还是有其法律依据的。可以想象这样的案件进入实体审理肯定是一场大混战，过程性行为本不可诉，原告还要请求法院判决被告履行公告职责。

本案的被告为江西省住房和城乡建设厅及江西省建设工程造价管理

局。这项诉讼请求的指向是物价局，对于这样的立案环节需要原告做更多的说明，否则不能予以立案。

（五）对第五项请求的分析

第五项请求为：依法撤销住建厅以江西省住房和城乡建设厅名义发布的《关于公布我省第一批2017版工程定额配套计价软件综合测评结果的通知》，并要求其在江西省工程造价信息网同样位置进行公告至少30日。

这一项诉请也是建立在计价软件许可或确认那五家行为违法的情形下。对于要求在江西省工程造价信息网同样位置进行公告至少30日的请求，同样的逻辑混乱，只是请求机关不同。前一项是请求的物价局，这一项是请求的住建局，问题是行政诉讼审查的是行政行为的合法性，这些公告行为只是过程性行为，是根本不可诉的。

（六）对第六项请求的分析

第六项请求为：依法判决住建厅在判决书生效后15日内履行对其规范性文件《关于加强建设工程计价软件管理的通知》《江西省建设工程计价管理办法》，进行公平竞争审查的法定职责。

《行政诉讼法》第五十三条规定："公民、法人或者其他组织认为行政行为所依据的国务院部门和地方人民政府及其部门制定的规范性文件不合法，在对行政行为提起诉讼时，可以一并请求对该规范性文件进行审查。"这一条规定非常明确，可以一并请求对该规范性文件继续审查。在本案中这一规定被原告误解为在判决书生效后15日内进行公平竞争权审查法定职责。

行政诉讼的宗旨在于审查行政行为的合法性，按照《行政诉讼法》法理提炼概括案涉行政行为的类型是至关重要的，考虑到具体案件中诉讼请求的复杂性，司法解释对诉讼请求做了类型化指引，对照司法解释提供的请求类型化指引概括诉讼请求，有利于当事人以及法庭聚焦行政行为的合法性判断，有利于进一步提高行政诉讼效率。

本案原告提出多项表达不精确甚至可以说混乱的诉讼请求，给我们分析行政诉讼请求提供了一则较好的负面实证材料，不依照行政诉讼法理提出诉讼请求，在立案环节可能面临不予立案的风险，在审理中则必然会导致案件审理的混乱。

案件因原告被增补在第二批入围名单中而撤诉，原告最终幸运地实现了自身的目的，案件没有进入实体审理，最终没能形成实体判决，实务中少了一份可供进一步解析研读的判决书，确实有点遗憾。

案例 10

庙某平诉南京市栖霞区房屋征收办案[*]

庙某平案法律关系有点复杂,为了叙述方便,我们先简要概述一下该案案情,一些具体事实和情节将在后面叙述中进一步展开。

庙某平承租了一个面积为一千多平方米的建筑用来开设快捷宾馆,租赁期限为 10 年,在经营 2 年后,建筑物遇到了拆迁。建筑物的产权人与拆迁办(后来变更为征收办)依规定签订了《拆迁补偿协议》,庙某平认为产权人与拆迁办恶意串通损害了其合法利益,开始了极为复杂的诉讼维权之路。

征收征地房屋在征收集体土地法律关系中是很平常的,缘何在庙某平案件中变得如此复杂呢?仅仅因为庙某平是一个认"死理"的人呢,还是庙某平试图通过诉讼获取更多不法利益呢?答案是否定的,这一案件出现了不少不按照行政法理处理问题的情形,因不按法理处理,许多事情自然就会被复杂化了。

与这起征收征地房屋有关的诉讼案件多达 11 件,在(2019)苏 01 民终 11734 号裁判文书中,记录是庙某平不服苏(2018)栖民初字 0113 民字

---

[*] 本文涉及案件访问路径 https：//wenshu.court.gov.cn/website/wenshu/181107ANFZ0BXSK4/index.html？docId=16c427486d6c438292d2a7060098ac43。

第 2321 号判决不服提起的上诉，裁判文书网上没有（2018）栖民初字 0113 民字第 2321 号这一案号的材料。从案件梳理情况来看，（2018）栖民初字 0113 民字第 2321 号可能是录入错误，实际的案号应为（2017）苏 0113 民初 6538 号。对比（2019）苏 01 民终 11734 号裁判文书中对（2018）栖民初字 0113 民字第 2321 号相关内容的记载，与案号为（2017）苏 0113 民初 6538 号的内容完全吻合，并且诉讼费用也完全一致。

案件的逻辑梳理情况应该是这样的，11 个案件分属两条线：一条线围绕庙某平的请求展开，另一条线是围绕杨某的诉请展开。

在《征收补偿协议》签订后，庙某平认为产权人与被拆迁人共谋损害了其合法利益，提起了栖民初字第 1994 号民事诉讼，因一审法院认为征收补偿协议不属于民事争议的范畴，属于行政诉讼的受案范围，于是庙某平向南京铁路运输法院提起（2016）苏 8602 行初 284 号的行政诉讼。一审行政诉讼中南京铁路运输法院认为庙某平案件不符合受案范围的规定，裁定不予受理。庙某平不服，依法向南京市中级人民法院提起上诉，南京市中级人民法院认为一审法院不予受理庙某平一案并无不妥，驳回了庙某平的上诉。

庙某平在中院驳回上诉后，依法提起（2017）苏 01 民申 93 号申诉，进而有了（2017）苏 01 民再 97 号再审裁定，再审裁定指令南京市栖霞区人民法院对本案进行审理。后续有了（2017）苏 0113 民初 6538 号判决，因庙某平不服判决上诉最终又有了（2019）苏 01 民终 11734 号判决。

围绕这一条线庙某平经过多次诉讼，其诉讼请求没能得到任何支持，付出十多万元的诉讼费，仅（2017）苏 0113 民初 6538 号和（2019）苏 01 民终 11734 号两个案件的诉讼费就高达 42406 元 × 2 = 84812 元，再加上其他案件仅诉讼费一项庙某平就付出了十多万元。这十多个案件都是由江苏江北律师事务所廖律师代理的，十多个案件庙某平应该需要支付价格不菲的律师服务费。

另一条线有 4 个案件，主要围绕出租人杨某诉请展开。庙某平认为自己利益受损，没有搬离案涉房屋，因产权人没能及时清空交出案涉房屋，房屋拆迁款大部分被扣留，出租人杨某提起（2015）栖迈民初字第174号诉讼，要求庙某平承担违约责任。对于判决结果原告、被告均不服提起上诉，因而有了（2017）苏01民终5160号二审判决。在庙某平拒不履行判决的情形下，杨某依法提起了强制执行申请，因庙某平无可供执行财产，法院做了（2017）苏0113执2340号执行裁定。对于（2017）苏01民终5160号二审判决，庙某平不服，依法提起了再审请求，庙某平的再审请求被（2018）苏民申405号驳回。

案件后续还有可能有不服（2019）苏01民终11734号判决的再审，那是后话，在此暂且不论。历经11个案件，庙某平没有讨回他期待的利益，相反却付出了大量的时间和金钱成本，这个案件究竟卡在哪里呢？把这一问题捋清楚非常重要。

本案中几个问题的处理不合乎一般法理，因此才导致了这一复杂的局面。

一、征地房屋征收法律关系当属行政法律关系，却被当作民事法律关系处理，违背了行政诉讼法一般法理

经法院审理查明：2012年3月3日，庙某平（乙方）与杨某（甲方）签订《房屋租赁合同》，约定：甲方将南京市栖霞区和燕路晓庄村29-1号面积1852平方米一至三层楼房1幢出租给乙方作为宾馆饭店经营场所，乙方负责装修，装修费用由乙方承担；租赁期限为10年，自2012年6月6日至2022年6月5日，租金每年43万元，每半年支付一次，租金须提前支付；乙方对房屋有经营权，没有租赁权，必须自己经营，不得转租，遇不可抗拒的原因，需要经甲方同意再签订合同；如遇国家拆迁，乙方须服从甲方的领导，以甲方为主，在得到国家的合理补偿后乙方不得提出无理要求，积极配合甲方做好拆迁工作；拆迁赔偿装潢部分归乙方所有，建筑

房屋部分归甲方所有。合同签订后，庙某平对承租房屋进行装修，领取卫生许可证、特种行业许可证、消防安全检查合格证，并于2012年11月29日领取个体营业执照，开设南京市栖霞区八天宾馆。

2014年7月2日，南京市栖霞区房屋拆迁安置办公室（以下简称拆迁办）与金康达公司签订《拆迁补偿协议》（以下简称拆迁协议）1份，载明：根据宁政发〔2007〕61号《南京市征地房屋拆迁补偿安置办法》（以下简称61号文）、宁政发〔2007〕143号《〈南京市征地房屋拆迁补偿安置办法〉实施细则》（以下简称143号文）及宁政发〔2010〕263号文件（以下简称263号文）规定，拆迁办经宁征拆字〔2014〕第005号房屋拆迁实施方案批准通知书同意，于2014年6月8日，在栖霞区燕子矶街道晓庄村地块实施燕子矶新城晓庄村危旧房城中村改造项目的房屋拆迁工作。约定：金康达公司房屋、建筑物、设备坐落于栖霞区（以下简称案涉房屋），房屋建筑面积3027.73平方米，位于本次拆迁范围内；金康达公司必须于2014年7月6日前将房屋、设备搬空，交由拆迁办拆除；金康达公司拆迁货币补偿款总额为4450800元，包含：（1）房屋拆迁补偿款2390192元；（2）附着物补偿费1204082元；（3）设备拆除搬迁费191216元；（4）停业补偿费119510元；（5）其他补偿545800元。

庙某平认为拆迁办与金康达公司签订的拆迁协议侵犯了其依法应该享有的合法权益。2015年6月18日，在栖民初字第1994号民事诉讼中，庙某平明确本案按合同之诉审理，起诉请求为：（1）确认栖霞区拆迁办与金康达公司签订的《拆迁补偿协议》无效，重新作出拆迁补偿方案；（2）被告金康达公司赔偿原告拆迁补偿费合计3584462.94元，包括房屋拆迁补偿款（水电门窗等基本设施费用）279508元、设备拆除搬迁费107231元、停业补偿费107231元、附着物（装修）补偿费848502元、不可搬迁设备补偿费566490元、经营补偿费1675500元；（3）由被告承担本案的诉讼费用。

南京市栖霞区法院原审审理后认为，原告庙某平在本案中请求确认拆迁协议无效并主张被告赔偿拆迁补偿费，属于人民法院受理的行政诉讼范围，不属于人民法院直接受理的民事诉讼范围，原告应当另行依法提起行政诉讼。依照《中华人民共和国民事诉讼法》第一百二十四条第（一）项、《最高人民法院关于适用〈中华人民共和国民事诉讼法〉的解释》第二百零八条第三款之规定，裁定驳回原告庙某平的起诉。

2016年5月19日，庙某平依法向南京铁路运输法院提起行政诉讼，请求判决撤销栖霞区征收办与金康达公司之间签订的拆迁补偿协议，并重新作出拆迁补偿协议。

庙某平认为，协议中补偿款"停业补偿费"存在适用法律、法规错误，协议中认定的补偿面积、补偿标准也不符合法律法规的规定。协议中张某林对室内装潢设施、不可搬迁设备等进行确认明显不当，侵害原告权益，且协议中遗漏多项补偿项目。与其他被拆迁房屋相比，该协议还不符合公平补偿的原则。

栖霞区征收办辩称，原告要求撤销的拆迁补偿协议，是基于平等主体之间的权利义务关系而自愿达成的协议，并不是行政合同，依法不属于人民法院行政案件的受案范围。被告与房屋所有权人已经签订拆迁补偿协议。原告作为承租人，与案涉房屋的拆迁与补偿之间并无法律上的利害关系，其并不具有对于拆迁补偿协议提起行政诉讼的原告主体资格。原告的主张应当通过民事诉讼主张。被告按照房屋征收的相关法律及政策规定对案涉房屋进行调查，并得到房屋所有人的确认，依法制定拆迁补偿方案，双方协商一致最终签订拆迁补偿协议，是被告与南京金康达公司的真实意思表示，协议内容合法有效，庙某平的主张缺乏事实和法律依据。请求法院驳回原告诉讼请求。

栖霞区征收办的辩解显然是违背法理的，拆迁补偿协议是典型的行政合同，这一点在《行政诉讼法》里是有明确规定的。《行政诉讼法》第十二条第一款第十一项规定："人民法院受理公民、法人或者其他组织提起的下列诉讼：……（十一）认为行政机关不依法履行、未按照约定履行或者违法变更、解除政府特许经营协议、土地房屋征收补偿协议等协议的。"

南京铁路运输法院避开了征收补偿协议是否属于行政协议的争议，也没有明确确认拆迁补偿协议是否属于行政诉讼应该受理的范围。

客观上说，南京铁路运输法院这样选择应该是经过反复斟酌、相对比较稳妥的。因为在栖民初字第1994号民事诉讼中，法院已经认定"请求确认拆迁协议无效并主张被告赔偿拆迁补偿费，属于人民法院受理的行政诉讼范围"。如果南京铁路运输法院在此明确说确认拆迁协议无效不属于行政诉讼范围，那就同栖霞法院的观点针锋相对、截然相反了，作出这种截然相反的判断必然会给庙某平传递出混乱的信息。

南京铁路运输法院紧扣《行政诉讼法》第十二条第一款第（十一）项规定的字面意思展开法律适用，对"认为行政机关不依法履行、未按照约定履行或者违法变更、解除政府特许经营协议、土地房屋征收补偿协议等协议的"字面含义作了最狭义上的解释，指出并非所有与行政协议有关的案件一律属于行政诉讼受案范围，只有存在"不依法履行、未按照约定履行"或者"违法变更、解除"行政协议的情形时，才属于行政诉讼受案范围。

本案庙某平的请求不属于"不依法履行、未按照约定履行或者违法变更、解除"的法定情形。因此，原告的起诉不符合《行政诉讼法》第十二条第一款第（十一）项规定的情形，不属于人民法院审理行政案件的受案范围。最终南京铁路运输法院裁定驳回原告庙某平的起诉。

对于这样的裁判结果，庙某平自然是难以接受的，庙某平依法向南京市中级人民法院提起了上诉。

南京市中级人民法院同样认为，根据《行政诉讼法》第十二条第一款第（十一）项规定，本案中上诉人庙某平认为被上诉人栖霞区征收办与案外人签订的《拆迁补偿协议》侵犯其合法权益提起的诉讼，不属于上述法律条款所规定的受案范围，故原审法院以不属于人民法院行政诉讼受案范围，裁定驳回上诉人的起诉并无不当。上诉人的上诉理由缺乏法律依据，法院不予支持。原审裁定认定事实清楚，适用法律正确，程序合法。依照

《中华人民共和国行政诉讼法》第八十九条第一款第（一）项的规定，裁定：驳回上诉，维持原裁定。本裁定为终审裁定。

应该说南京铁路运输法院和南京市中级人民法院在对这一问题的理解上虽合乎《行政诉讼法》第十二条第一款第（十一）项字面含义，但并不完全合乎《行政诉讼法》对受案范围的规定的法理精神。

《行政诉讼法》第二条规定："公民、法人或者其他组织认为行政机关和行政机关工作人员的行政行为侵犯其合法权益，有权依照本法向人民法院提起诉讼。"对于第十二条明确列举的行为肯定属于受案范围，对于那些不在明确列举范围内的行政行为并不能当然地理解为不属于可以受案的范围。一个案件是否应该受理，需要综合第二条、第十二条以及第十三条的规定综合判断，作出合乎法理的解释与判断。

这一问题的基本法理，在后来的司法解释中得到了比较权威的解释与印证。《最高人民法院关于审理行政协议案件若干问题的规定》（法释〔2019〕17号）第二条规定："公民、法人或者其他组织就下列行政协议提起行政诉讼的，人民法院应当依法受理：……（二）土地、房屋等征收征用补偿协议。"第四条规定："因行政协议的订立、履行、变更、终止等发生纠纷，公民、法人或者其他组织作为原告，以行政机关为被告提起行政诉讼的，人民法院应当依法受理。"第五条规定："下列与行政协议有利害关系的公民、法人或者其他组织提起行政诉讼的，人民法院应当依法受理：……（二）认为征收征用补偿协议损害其合法权益的被征收征用土地、房屋等不动产的用益物权人、公房承租人。"结合司法解释第二、第四、第五条的规定，案涉的确认拆迁补偿协议显然是属于可以受理的情形。

当然，最高人民法院〔2019〕17号法释是2019年11月27日颁布的，在此我们不是用事后的规范论证南京铁路运输法院以及南京中级人民法院不予受理该案的不当，而是说如果当时受理该案是合乎《行政诉讼法》基本精神的，这一点被后来的司法解释的相关规定所证明。

在栖民初字第1994号民事诉讼中，在南京市栖霞区法院已经认为庙某平请求确认拆迁协议无效属于人民法院受理的行政诉讼范围前提下，再加上行政协议特别是房屋征收补偿协议事实上已经非常普遍地进入司法程序的背景下，两级法院裁定该案不属于受案范围，导致了诉讼程序的空转，案件迟迟得不到实质性审理，其结果是令人遗憾的。

后来，南京市中级人民法院在（2017）苏01民再97号中裁定：撤销南京市栖霞区人民法院于2016年4月14日作出的（2015）栖民初字第1994号民事裁定；并指令南京市栖霞区人民法院对本案进行审理。栖霞区人民法院重审该案，作出（2017）苏0113民初6538号判决如下：驳回原告庙某平的诉讼请求；案件受理费42406元，由原告庙某平负担。庙某平不服判决又提起上诉。南京市中级人民法院作出（2019）苏01民终11734号判决如下：驳回上诉，维持原判。二审案件受理费42406元，由上诉人庙某平负担。本判决为终审判决。

一个典型的行政案件，绕了一大圈，经历了五次审判，最终以民事诉讼程序结案，值得法律人关注与思考。

二、庙某平对征收补偿协议依法原本不具有原告身份，却被认定为具有原告身份，这一认定具有较好的前瞻性，合乎行政诉讼原告资格认定的一般法理

案涉房屋属于征收集体土地上的房屋，依据《南京市征地房屋拆迁补偿安置办法》（宁政发〔2007〕61号）第三条规定："本办法所称征地房屋拆迁补偿安置，系指国家为了公共利益及实施规划的需要，依据法律规定的程序和批准权限，将农民集体所有土地转为国有土地，需实施征地房屋拆迁，并依法给予被拆迁人合理补偿安置的行为。"也就是说拆迁补偿协议是拆迁办与被拆迁人之间的协议，这一协议与案涉房屋的承租人没有直接的法律上的关系。

一审法院认定事实：金康达公司于2010年5月21日取得乡村建设规

案例 10
庙某平诉南京市栖霞区房屋征收办案

划许可证,建造位于栖霞区的房屋,证载建设规模为1203.5平方米。2010年10月1日,金康达公司与杨某签订《房屋租赁合同》,约定:金康达公司将坐落于南京市和燕路晓庄村29-1号面积为1852平方米房屋出租给杨某使用,租期15年,自2010年10月1日起至2025年10月1日,租金为每年40万元,每年10月1日前支付下一年度租金,金康达公司同意杨某转租房屋,转租的利润归杨某所有;遇到拆迁,按照国家政策执行,杨某主动搬离,法律规定补偿杨某的归杨某所有,产权补偿与杨某无关。

2012年3月3日,庙某平与杨某签订《房屋租赁合同》,约定:杨某将南京市栖霞区和燕路晓庄村29-1号面积1852平方米一至三层楼房1幢出租给庙某平作为宾馆饭店经营场所,庙某平负责装修,装修费用由庙某平承担;租赁期限为10年,自2012年6月6日至2022年6月5日,租金每年43万元,每半年支付一次,租金须提前支付;庙某平对房屋有经营权,没有租赁权,必须自己经营,不得转租,遇不可抗拒的原因,需要经杨某同意再签订合同;如遇国家拆迁,庙某平须服从杨某的领导,以杨某为主,在得到国家的合理补偿后庙某平不得提出无理要求,积极配合杨某做好拆迁工作;拆迁赔偿装潢部分归庙某平所有,建筑房屋部分归杨某所有。合同签订后,庙某平对承租房屋进行装修,领取卫生许可证、特种行业许可证、消防安全检查合格证,并于2012年11月29日领取个体营业执照,开设南京市栖霞区八天宾馆。

法院调查的事实很清楚地表明,庙某平作为次承租人,其是从最初承租人杨某手上承租了案涉房屋,在租赁合同中明确约定"如遇国家拆迁,庙某平须服从杨某的领导,以杨某为主,在得到国家的合理补偿后庙某平不得提出无理要求,积极配合杨某做好拆迁工作;拆迁赔偿装潢部分归庙某平所有,建筑房屋部分归杨某所有"。

如若简单地认定庙某平不具有利害关系人身份,也就是不具有原告资格也是有法律上的依据的,并且这一点在租赁合同中是有明确约定的。

正因为如此,诉讼中金康达公司辩称:庙某平不具有原告诉讼主体资格。金康达公司认为案涉房屋承租的顺序首先是金康达公司与第三人杨某签订了房屋租赁协议，再由杨某将房屋转租给原告，金康达公司的承租人为杨某而非原告，如果杨某认为金康达公司和征收办之间的拆迁补偿协议侵害了其承租权利，则杨某具备诉讼主体资格；而原告与金康达公司之间没有直接的租赁关系，不存在法律上的承租人的法律关系，案涉拆迁协议涉及的第三人应当是杨某而非原告，原告不具备《合同法》第五十二条第（二）项中的第三人身份，故原告无权主张金康达公司和征收办之间的拆迁协议无效。

也就是说，如果庙某平认为相关拆迁利益受损，也只能依据其房屋租赁合同向杨某主张。但一审法院经过调查认为：原告虽然不是案涉拆迁协议中的被拆迁人，与作为被拆迁人的被告金康达公司之间不存在租赁关系，但原告就案涉房屋与第三人杨某建立了租赁关系，案涉房屋系杨某从金康达公司处承租，原告实际是案涉房屋的次承租人。因案涉房屋被拆迁所产生的相关补偿利益，杨某有权依据其与金康达公司之间的房屋租赁合同进行主张，原告有权依据其与杨某之间的房屋租赁合同进行主张。且案涉拆迁协议所确定的相关拆迁补偿款，应当有部分属于原告可得的款项。由此可见，案涉拆迁协议与作为次承租人的原告存在利害关系，故原告主张案涉拆迁协议无效，系依法行使其合法权利。因此，原告具有本案原告的主体资格。

法院对于庙某平原告资格的确认合乎法理，后来的《最高人民法院关于审理行政协议案件若干问题的规定》（法释〔2019〕17号）第五条（二）规定：被征收征用土地、房屋等不动产的用益物权人、公房承租人认为征收征用补偿协议损害其合法权益的，人民法院应当依法受理。显然确认了实际承租人具有法理上的利害关系。在原告资格认定这一问题上，法院坚持了实质判断标准，有利于纠纷的化解。

三、庙某平的受损利益是很难计算的，这一利益混同在金康达公司整体拆迁利益中，因整体拆迁利益没有严格按照法律相关规定执行，属于综合评定很难做到分项计算

法治社会有一基本的共识"非法利益不受保护原则"。为什么庙某平利益诉求变得如此艰难？和这块地的拆迁利益混同一定的非法利益（或者称之为合法性不够充分的利益）有关。

如果完全是依法拆迁的，拆迁人从拆迁实施方获得多少，按照庙某平承租房屋的比例分配给庙某平该得部分就可以了，庙某平诉求的最为重要的一块就是停业损失，即经营补偿这一块的利益。案件虽经历11次司法程序，但很多是空转的，实际上有许多事实还没查清（也许是查清了在裁判文书没有记载说明）。有几组数据值得关注，搞清这几组数据的关系，对厘清庙某平在案中的利益是有帮助的。

第一组数据为：根据法院查明，被告金康达公司于2010年5月21日取得乡村建设规划许可证，建造位于本区的房屋，证载建设规模为1203.5平方米。

第二组数据为：2012年3月3日，庙某平（乙方）与杨某（甲方）签订《房屋租赁合同》，约定：甲方将南京市栖霞区和燕路晓庄村29－1号面积1852平方米一至三层楼房1幢出租给乙方作为宾馆饭店经营场所。

第三组数据为：金康达公司于2010年5月21日取得乡村建设规划许可证，载明建设单位为金康达公司，建设项目为危房翻建，没有载明房屋用途。案涉房屋所在土地为农村集体所有土地，金康达公司于1995年12月22日取得土地使用证。因案涉房屋并没有所有权证，所在的燕子矶街道的城市建设科在拆迁时于2014年7月1日向拆迁办出具了《非住宅房屋认定确认单》，载明：金康达公司的房屋建筑面积为3023.73平方米，经街道确认为合法经营企业，具备相关证照，符合非住宅认定标准，可以按照非住宅房屋拆迁标准进行评估。

第四组数据为：征收办举证装订成册的被拆迁人金康达公司拆迁档案中的《房屋征收（拆迁）补偿安置确认单》，该确认单载明：被拆迁房屋产权人为张某林（金康达公司的法定代表人），确认事项主要内容为：金康达公司符合政策的门面房为 525 平方米，依据政策给予每平方米 1000 元的经营补偿，现场工作组予以确认。

第五组数据为：两被告认定经营用房为 525 平方米，没有将原告承租经营的 1600 多平方米计算在内，导致原告承租经营的 1600 多平方米房屋没有获得任何的经营补偿，即按每平方米 1000 元的标准补偿。

这些数据是什么关系，法院并没有去梳理，或者梳理了在裁判文书中没有记载。这些数据其实是很重要的。金康达公司于 2010 年 5 月 21 日取得乡村建设规划许可证，建造的证载建设规模为 1203.5 平方米房屋应该是完全合乎法律规定的房屋。

问题是经街道确认为合法经营企业，具备相关证照，符合非住宅认定标准，可以按照非住宅房屋拆迁标准进行评估面积为 3023.73 平方米。多出了近 1800 多平方米，这个面积是怎么多出来的，街道是否有权确认，在街道确认中是否有其他的交易条件是需要查清的。

经街道确认符合非住宅认定标准，可以按照非住宅房屋拆迁标准进行评估面积为 3023.73 平方米，为什么最终被确定经营用房为 525 平方米，而庙某平承租的 1852 平方米用于快捷宾馆的为什么只有 200 平方米被认定为经营用房？

法院向拆迁部门调查了解，本案所涉房屋所在的土地为集体土地，根据区拆迁政策，对经营用房的认定，由拆迁部门、街道工作组、产权人三方共同进行认定。经营用房必须要满足：（1）具备营业执照；（2）必须是临街的且实际用于经营的房屋。此户的经营用房经三方共同确认最终认定的面积为 525 平方米，每平方米应给予 1000 元的补偿。

问题是：对什么是营业用房和非营业用房，《南京市征地房屋拆迁补偿安置办法（宁政发〔2007〕61 号)》中规定得非常清楚。该办法第四十六条明确,本办法涉及的术语,按下列规定解释:营业用房,是指服务对象接受服务,直接用于商业活动的房屋,包括金融、娱乐、餐饮、服务等类型的房屋。非营业用房,是指除营业用房以外的其他类型的房屋,包括工厂、站场码头、仓库堆栈、办公、学校、医院、福利院、公共设施用房等。

庙某平的1852平方米用于宾馆服务的用房,无论如何都应该认定为营业用房。除非这1852平方的建筑物持证的也就200平方,其他的属于无证建筑,若严格计算可能属于不予补偿的建筑物。若果真如此,那这一拆迁所涉及法律问题就非常复杂了,可能涉及刑事责任了。《南京市征地房屋拆迁补偿安置办法》(宁政发〔2007〕61号)第三十六条规定:国家工作人员在实施征地房屋拆迁工作中玩忽职守、滥用职权、徇私舞弊的,依法给予行政处分;构成犯罪的,依法追究刑事责任。因法院裁判文书没有记载,在此不便妄加评述,但对这一问题的存疑应该是合乎逻辑的。

为什么对最终认定的营业面积525平方米给予1000元的补偿?经营补偿是否有法律依据?《南京市征地房屋拆迁补偿安置办法》(宁政发〔2007〕61号)规定的补偿项目没有这一项。该办法第二十四条规定:"非住宅房屋拆迁,对用地与建设手续合法、具备工商营业执照的产权人,按下列规定进行货币补偿:(一)拆迁非住宅房屋,拆迁补偿款由原房补偿款、区位补偿款两部分组成;拆除非住宅房屋中的附房、披房只支付原房补偿款。(二)拆迁具有区域功能性的学校、医院、敬老院,按非住宅房屋拆迁补偿费标准1.5倍计算,拆迁人不承担另行复建责任。(三)拆迁营业用房,其设施搬迁费用,由拆迁实施单位按照不超过拆迁补偿款2%给予补偿;拆迁非营业用房中的生产用房,其设备的拆除、安装和搬迁费用,由拆迁实施单位按照不超过拆迁补偿款8%给予补偿;拆迁其他非营业房屋的设施搬运费用,由拆迁实施单位按照不超过拆迁补偿款4%给予补偿。(四)拆迁非住宅房屋造成停业的,属于营业用房的,拆迁实施单位应当给予不超过拆迁补偿款8%的补偿;属于非营业用房的,给予不超过5%补偿。(五)拆迁非住宅房屋,对拆除后无法进行搬迁和再次安装使用的设备的补偿,由拆迁实施单位按照重置价结合成新测算,征求拆迁人意见后,报所在区政府审定。"

金康达公司拆迁货币补偿款总额为4450800元,包含:(1)房屋拆迁补偿款2390192元;(2)附着物补偿费1204082元;(3)设备拆除搬迁费191216元;(4)停业补偿费119510元;(5)其他补偿545800元。

该协议所附的《南京市征地房屋拆迁非住宅房屋补偿款汇总表》(以下简称补偿款汇总表)载明:设备拆除搬迁费191216元系按房屋拆迁补偿款2390192元的8%计算,停业补偿费119510元系按房屋拆迁补偿款2390192元的5%计算;第6项为经营补偿,按每平方米525元和1000平方米计算为525000元;第7项为"承租200平方米搬停补偿费",计20800元(第6项、第7项合计545800元)。

其中的(2)附着物补偿费1204082元,裁判文书中的汇总表没有给出相应的计算依据;(5)其他补偿545800元,包括第6项"按每平方米525元和1000平方米计算为525000元;第7项为"承租200平方米搬停补偿费",计20800元(第6项、第7项合计545800元)"。

第5项名为经营补偿,在《南京市征地房屋拆迁补偿安置办法》(宁政发〔2007〕61号)没有依据。经营补偿显然不是办法中的停业损失,停业损失在补偿款中是独立的,也就是汇总表的第四项(4)停业补偿费119510元)。显然案中的经营补偿不是办法中的停业损失这一块。在办法中没有对应的经营补偿这一块利益的规定。

庙某平诉求中一直质疑他的1600平方米为什么不能获得这一补偿,法院一直没有正面回答这一问题,但法院明确了在拆迁时,现场工作组人员出具的确认单,明确案涉房屋符合政策的门面房面积为525平方米,此属于拆迁实施工作中相关工作人员的职务行为,是根据当地拆迁政策所作出的认定,该认定是否适当不属于人民法院审理的民事案件的审查范围。

"门面房"在办法中是没有相应解释的,"门面房"补偿不同于营业用房，本案中525平方米的门面房经营补偿是极为重要的事实，但民事诉讼的特点决定了法院不可能深入调查该块补偿的合法性。

如若这个案件当初能够按照行政诉讼审理，则问题可能会清楚很多。最高人民法院在典型案例中多次明确：行政诉讼中需要全面审查行政行为的合法性，人民法院在行政案件审理中，应当对被诉行政行为的事实根据、法律依据、行政程序、职责权限等各方面进行合法性审查，不受诉讼请求和理由的拘束。全面审查原则通常适用于诉讼标的为行政行为的单一案件。

本案征地房屋拆迁补偿协议纠纷属于典型的单一案件，若是进入行政诉讼程序，"门面房经营补偿"这一问题可能得到更为清楚的调查。

拆迁补偿款项出现这样高度混同复杂的情形，庙某平要清楚地计算其预期可得利益事实上已经是不可能的事。事实上，庙某平也没有资格要求对案涉《拆迁补偿协议》进行详尽调查。

《南京市征地房屋拆迁补偿安置办法》（宁政发〔2007〕61号）第二十四条规定："……（六）被拆迁人将房屋出租的，拆迁实施单位仅对被拆迁人进行补偿，其中，对承租人因停业、设备拆除、安装和搬迁造成的损失补偿，由被拆迁人支付给承租人。"这一条明确规定庙某平对《拆迁补偿协议》无主张的权利，不是特定的利害关系人。

被拆迁人与承租人的出租协议对前款所述的损失补偿是有约定的，由双方按协议约定处理；双方没有出租协议或出租协议对之未约定的，由被拆迁人与承租人根据实际情况自行协商解决。

在2012年3月3日庙某平与杨某签订的《房屋租赁合同》中，已经明确约定如遇国家拆迁，乙方须服从甲方的领导，以甲方为主，在得到国家的合理补偿后乙方不得提出无理要求，积极配合甲方做好拆迁工作；拆迁赔偿装潢部分归乙方所有，建筑房屋部分归甲方所有。

四、金康达公司征收补偿款被扣导致的损失主要是由征收办没有采取强制措施引发的，出租人却把这笔账记在庙某平头上并提起诉讼，这一诉求最终得到了法院的支持，使该案案情进一步复杂化

2014年5月，案涉房屋因燕子矶新城晓庄危旧房城中村改造需要，被列入拆迁范围。2014年5月5日，拆迁部门发布拆迁公告。2014年7月2日，栖霞区拆迁办与金康达公司签订《拆迁补偿协议》，约定金康达公司必须于2014年7月6日前将房屋、设备搬空，交由拆迁办拆除。

2010年10月1日，金康达公司与杨某签订《房屋租赁合同》，约定：金康达公司将坐落于南京市和燕路晓庄村29-1号面积为1852平方米房屋出租给杨某使用，租期15年。

2012年3月3日，庙某平与杨某签订《房屋租赁合同》，约定：杨某将南京市栖霞区和燕路晓庄村29-1号面积1852平方米一至三层楼房一幢出租给庙某平作为宾馆饭店经营场所，租赁期限为10年。

栖霞区拆迁办与金康达公司签订《拆迁补偿协议》后，次级承租人庙某平认为《拆迁补偿协议》侵犯了其合法权益，一直占有涉案房屋拒不搬离。

杨某以庙某平为被告，于2015年3月向法院提起诉讼，具体诉讼请求为：（1）请求人民法院依法判决确认原、被告于2012年3月3日签订的《房屋租赁合同》于2015年3月10日解除；（2）请人民法院依法判决被告向原告支付自2014年6月6日起至2015年3月10日止的房屋租金328390元；（3）请人民法院判决被告从房屋中搬出，向原告返还位于南京市栖霞区和燕路晓庄村29-1号的房屋，并按每日1178元的标准支付自2015年3月11日起至实际返还房屋之日止的占用费等五项请求。

一审法院认为：本案所涉房屋在2014年5月5日被列入拆迁范围，原、被告双方的房屋租赁合同应于2014年5月5日终止履行。故原告杨

案例 10
庙某平诉南京市栖霞区房屋征收办案

某主张要求确认原、被告双方租赁合同应于 2015 年 3 月 3 日解除已无必要。

合同终止履行后，承租人应及时向出租人返还租赁物，出租人退还未使用租赁物期间的房租。承租人不应以拆迁补偿事宜未能和出租人或产权人达成协议为由，始终占据租赁物，拒不返还。拒不返还租赁物的，权利人有权要求其返还租赁物，造成权利人损失的，权利人可主张赔偿。故原告杨某要求被告庙某平返还承租房屋理由正当，于法有据，法院应予支持。关于占有使用费，在拆迁公告发布之后，出租人与承租人的合同权利、义务均终止履行。根据金康达公司与拆迁部门签订的拆迁补偿协议，金康达公司必须于 2014 年 7 月 6 日前将案涉房屋交由拆迁办拆除，即无论金康达公司或杨某在 2014 年 7 月 6 日之后，都不具有再使用案涉房屋的权利。因此，杨某向庙某平主张 2014 年 7 月 6 日之后的房屋占有使用费理由不能成立，本院不予支持。

一审法院的判决应该是合乎法理的，但由于不支持 2014 年 7 月 6 日之后的房屋占有使用费。杨某依法提起上诉。

二审法院基本支持了杨某主张的房屋占用费的诉请，但考虑到涉案房屋纳入拆迁范围后，相关拆迁工作会对庙某平的经营产生一定影响，结合本案查明的事实，双方当事人在合同履行中的过错情况，综合酌定自拆迁公告发布之日起至实际返还房屋止的房屋占有使用费参照合同约定租金标准的 70% 计算，即每日的占有使用费为 1194.44 元 × 70% = 836 元计算至实际返还房屋之日止。

二审法院的改判让庙某平拒绝搬离付出了惨重代价，庙某平向江苏省高院提出再审请求被驳回。

回到案件本身来分析，金康达公司与拆迁部门签订的拆迁补偿协议，约定金康达公司应于 2014 年 7 月 6 日前将案涉房屋交由拆迁办拆除。在庙某平拒绝办理后有两个思路，一个就是认为案涉房屋已经转化为拆迁利益，原权利人不再对案涉房屋享有相关权益，拆迁部门应该采取强制措施或申请法院强制执行。一审法院基本遵循这样的思路。

另一个思路是，庙某平拒不搬离案涉房屋属于合同违约行为，应该承担责任，一直承担到搬离之日为止，但考虑到拆迁导致快捷酒店无法实际运营的情况，庙某平非法占用案涉房屋的费用为租赁合同约定的70%，二审法院基本遵循这一思路，对一审法院的判决作了改判。

栖霞区房屋征收管理办公室对庙某平拒不搬离采取相对消极的行为，因金康达公司未能于2014年7月6日前将案涉房屋交由拆迁办拆除，征收办扣留了大部分拆迁款项，截至2017年7月5日征收办只支付给金康达公司170万元征收款，尚有2750800元款项未支付。

二审法院判决支持出租人杨某要求庙某平支付非法占用案涉房屋占用费的诉请，通过增加庙某平应给付的金钱义务，期望促使庙某平能够及时结束非法占用状态。从（2017）苏0113执2340号裁定来看，法院依职权对被执行人的财产进行了调查，未发现被执行人庙某平有可供执行的财产。庙某平已经无力支付非法占用案涉房屋占用费了，庙某平长期非法占有案涉房屋给公共利益以及金康达公司造成重大损失，相比较而言二审法院的选择应该不如一审法院最初的选择更为有效，栖霞区房屋征收管理办公室通过暂扣拆迁款的选择也不是有效的选择。

实践证明，不依照法理的补偿或裁判只能使案件更加复杂化，在拆迁或征收案件中，依法征收及时依法强制才是最为有效、最为高效的方式。

案例 11

赵某伟诉抚顺市东洲区人民政府案[*]

赵某伟诉抚顺市东洲区人民政府案的时间跨度比较长,撰写案例的时间为 2021 年 2 月份,案件纠纷开始的时间,从裁判文书来判断,大致是从 2013 年开始,案件涉及的裁判文书目前裁判文书网上能查到三个,相关的案号分别为(2015)抚中行初字第 293 号、(2016)辽行终 1091 号、(2017)最高法行申 6408 号。

案件涉及的法律关系算不上复杂,甚至可以说有点简单,但案件涉及的行政法律问题却值得关注与思考。这一案件历经了一审、二审、再审,再审结果被裁定指令辽宁省高级人民法院再审。

(2017)最高法行申 6408 号指令辽宁省高级人民法院再审该案的时间为 2017 年 12 月 27 日,按照撰写案例的时间推算已经三年多了,指令再审如果结案在裁判文书网上应该能查到相关的裁判文书,目前裁判文书网上没有后续再审的相关文书,一种可能是没有及时上传后续的文书,也有可能案件被调解,赵某伟撤诉了。

不管案件最终处理结果如何,不影响我们对该案涉及的行政法问题的

---

[*] 本文涉及案件访问路径 https://wenshu.court.gov.cn/website/wenshu/181107ANFZ0BXSK4/index.html? docId=df8fe108614d4b59b0bca9d601050652。

关注与思考。

本案涉及如下问题：一是抚顺市东洲区人民政府收回土地行为的性质及其合法性如何；二是赵某伟诉讼请求究竟是什么；三是三级法院审理焦点变化的原因分析；四是最高人民法院认定强制清理属于强制执行，地方性法规设定强制执行违背强制法，这一说理是否合乎行政诉讼法的规定。

一、抚顺区政府收回土地行为性质及其合法性分析

2013年抚顺市大伙房水资源环境治理和保护工作领导小组办公室制定《大伙房水源地一级保护区退耕工作实施方案》（抚水源办发（2013）3号文件），确定大伙房水源一级保护地区的退耕方式为政府租地，由乡、镇政府与土地所有权人、土地承包权人签订土地承包经营权租赁合同。并确定土地年租金标准为旱田每亩不超过1000元，水田每亩不超过1200元。

案件当事人赵某伟所承包的土地在水源地一级保护区内。2014年9月26日辽宁省第十二届人民代表大会常务委员会第十二次会议通过了《辽宁省大伙房饮用水水源保护条例》，其中第十条规定，在一级保护区内，禁止从事网箱养殖、种植农作物等活动。抚顺市东洲区人民政府根据《大伙房水源地一级保护区退耕工作实施方案》及《辽宁省大伙房饮用水水源保护条例》的规定开展退耕工作，在实际操作中以土地承包人将土地租赁给村集体，再由村集体将土地转租给政府的方式退耕。

2014年至2015年，抚顺市东洲区人民政府在二伙洛村采取了拉横幅、发通告、逐户发放告知单等方式向村民宣传禁止在一级保护区内种植农作物。部分村民与村集体签订了土地租赁协议，领取了补偿款。赵某伟拒绝签订土地租赁协议，在其承包的土地上继续种植玉米。2015年9月，抚顺市东洲区人民政府在告知赵某伟自行清除玉米未果的情况下，将退耕补偿款拨付到原告种粮补贴账户上，强制清除了赵某伟种植的玉米。

从案情材料来看，抚顺市东洲区人民政府的行为属于行政命令行为与

行政强制执行行为的混合。

强制清除赵某伟种植的玉米属于强制执行行为，这一点应该不难理解。在强制执行前政府告知了赵某伟自行清除栽种的玉米，无论这种限期清除的义务是否有充分的法律依据，客观上对赵某伟设定了一种自行履行的义务，属于强制执行的基础性行政行为。因赵某伟没有履行这一义务，引发了地方政府强制清除行为。

2015年9月，抚顺市东洲区人民政府在告知赵某伟自行清除玉米未果的情况下，将退耕补偿款拨付到原告种粮补贴账户上。这一行为的性质该如何认定？案件经历一审、二审、再审程序中，法院都没涉及这一行为性质的认定和分析，似乎这是不言自明的。事实上，这一行为的性质还真不是那么清楚明确的。

如果赵某伟和地方政府签订土地租赁协议，那这一行为属于行政法意义上的行政协议行为，这一点应该没有争议可言。问题是在赵某伟没有同意签订土地租赁协议的情形下，政府把相应的退耕补偿款直接拨付到原告种粮补贴账户上，这个很明显是一种强制侵犯土地承包权的行为。从行政行为理论视角分析，可以把这种行为理解为霸王行政协议，行政协议最起码的条件是一种双方的合议行为，本案中的行为缺失了这一基本特征，霸王行政协议行为也是一种行政协议。

能不能把"退耕补偿款直接拨付到原告种粮补贴账户上"理解为行政给付行为？显然，这种理解也不合乎行政法一般原理，行政给付是一种合乎条件的受益行为，本案中的行为虽有补偿款的打入，但这一补偿款不是赵某伟申请的，赵某伟也不认为是受益了，而认为是受损的，他压根就不愿意得到这一补偿款。因而，所谓的给付性行为也不合乎这一行为的基本条件。

可否把这一行为理解为一种行政事实行为？所谓行政事实行为，是指行政主体基于行政职能作出的对相对人权益产生影响，但却不直接设定当事人权利与义务的行为。案涉的把补偿款直接打入账户的行为显然超出了这一基本特征，这一补偿款所对应的是政府已经强行收走赵某伟承包权并直接给定了对价。

可否把这种行为理解为一种强制征用行为？征用行为似乎是和事实情况比较接近的一种行政行为。首先，征用具有强制性，本案表面上看是讲究合议的，实际上当事人是没有选择的，所谓的土地承包权转让协议，实际上不存在什么议价的情形。一种情形就是签了协议领取补偿款，另一种情形是不签直接打入补偿款账户。这一强制性特点与征用行为较为接近。其次，征用通常是征用使用权，在这一点上，案涉行为与征用行为有一致性。

行政征用行为一般都有一定的临时性、短期性。而案涉的这种行为则是长期的，不具有这一特征，把案涉行为理解为征用同样有点勉强。

行政行为理论中，还有一种非典型行政行为与本案中这一行为特征相类似，就是行政命令行为。行政命令行为内容与形式具有多样性，但有一点是确定的，行政命令会产生一种具有强制性的义务，当事人必须履行这种命令义务，否则将会产生不利的后果，本案中赵某伟必须要把承包权转让出来，只不过相对人执行这种命令是有补偿的。

把案涉政府行为概括为强制性行政协议与行政强制执行行为的混合是比较合乎行政行为一般原理的。

合乎行政行为一般原理并不意味着这一行为就是合法的。合法性判断是行政诉讼的核心，行政行为合法性认定是一个比较多元的判断过程。案中的行为有明确的规范性依据，《辽宁省大伙房饮用水水源保护条例》明确规定：在一级保护区内，除准保护区、二级区内禁止的活动外，禁止从事网箱养殖、种植农作物等活动。《大伙房水源地一级保护区退耕工作实施方案》属于进一步落实这一地方性法规的一般规范性文件，在实际操作中以土地承包人将土地租赁给村集体，再由村集体将土地转租给政府的方式退耕开展退耕工作。也就是说从整体上判断，当地政府的做法是有合法性依据的。

问题是赵某伟的土地承包权是受到更高层次法律保护的一种权利，《农村土地承包法》第十七条规定："承包方享有下列权利：（一）依法享有承包地使用、收益的权利，有权自主组织生产经营和处置产品；（二）依法互换、转让土地承包经营权；（三）依法流转土地经营权；（四）承包地被依法征收、征用、占用的，有权依法获得相应的补偿；（五）法律、行政法规规定的其他权利。"第十八条规定："承包方承担下列义务：（一）维持土地的农业用途，未经依法批准不得用于非农建设；（二）依法保护和合理利用土地，不得给土地造成永久性损害；（三）法律、行政法规规定的其他义务。"第八条规定："国家保护集体土地所有者的合法权益，保护承包方的土地承包经营权，任何组织和个人不得侵犯。"

赵某伟的这种土地承包权权利为全国人大常委会通过的法律所确认和保护，地方性法规以及一般规范性文件如果侵犯赵某伟这样的法定权利，其合法性明显不足。

二、赵某伟上诉请求分析

赵某伟上诉称：（1）上诉人在自家承包的土地上进行耕种的经营行为合法，一审法院认定为抢种抢栽错误。（2）被上诉人强迫上诉人签订土地承包经营权租赁合同，上诉人不签合同，被上诉人就采取行政强制措施应确认违法。（3）抚水源办发（2013）3号文件制定的退耕方式即"以租代征"不合法，一审对该文件未进行合法性审查错误。（4）上诉人不存在抢种抢栽行为，被上诉人适用《辽宁省大伙房饮用水水源保护条例》第二十一条规定，毁青苗的行为违法，一审判决适用《行政诉讼法》第六十条的规定判决驳回上诉人诉讼请求错误。

因一审裁判文书没能在裁判文书网上搜索到，无法准确地描述一审中赵某伟的诉讼请求，通过二审裁判文书我们可以梳理出赵某伟的诉讼请求。

赵某伟的第一个请求：上诉人在自家承包的土地上进行耕种的经营行为合法，一审法院认定为抢种抢栽错误。

行政诉讼审理是围绕行政行为合法性进行的。无论是强调在自家承包的土地上进行耕种的经营行为合法，还是抢种抢栽行为合法，这种诉请都不符合行政诉讼的相关规定，让行政诉讼变得困难重重，法官想和当事人进行理性叙事沟通变得困难起来。

赵某伟这项请求讲述的是他认为他的行为是合法的，问题是行政诉讼审查的是行政行为的合法性。赵某伟只有把他认为合法的这两个因素考虑到相对应的行政行为中才合乎行政诉讼审理的一般逻辑。赵某伟在自家的土地上耕种需要"翻转"为政府是否存在侵犯其土地承包合同的违法行为。这样翻转就合乎行政诉讼审理的逻辑了。《行政诉讼法》第十二条第（七）项认为，行政机关侵犯其经营自主权或者农村土地承包经营权、农村土地经营权的，人民法院应当受理。赵某伟耕种或者抢种是赵某伟的个人行为，和行政行为无直接关系。因此在诉讼中，无论是一审或是二审都不可能直接审查这些行为。

赵某伟的第二项请求：被上诉人强迫上诉人签订土地承包经营权租赁合同，上诉人不签合同，被上诉人就采取行政强制措施应确认违法。

对于赵某伟这一请求同样需要依照行政诉讼的逻辑捋一捋。赵某伟的这一请求实际上包含两层含义：一个是认为政府强迫他签订土地承包经营权租赁合同；另一个是认为采取的强制措施违法。赵某伟诉称的政府强制要求土地承包人签土地承包经营权租赁合同同样需要"翻转"为行政诉讼的逻辑进行请求，只有这样法官才好判断行为的合法性。

依据现行《行政诉讼法》的规定，政府强制要求赵某伟签订土地承包经营权租赁合同的行为，不属于法律规定的受案范围。《行政诉讼法》第十二条（十一）规定：行政机关不依法履行、未按照约定履行或者违法变更、解除政府特许经营协议、土地房屋征收补偿协议等协议的，这样的请求就属于人民法院可以受理的范畴了。《行政诉讼法》第十二条第（十一）

的表述，没有明确不服强制性行政协议的是否属于行政诉讼的范畴。这是一审、二审甚至再审法院不审查这种强制要求赵某伟签订、履行土地承包经营权租赁合同行为重要的法理基础。

但《最高人民法院关于审理行政协议案件若干问题的规定》（法释〔2019〕17号）对这一问题作了进一步深化与完善。该司法解释第一条规定："行政机关为了实现行政管理或者公共服务目标，与公民、法人或者其他组织协商订立的具有行政法上权利义务内容的协议，属于行政诉讼法第十二条第一款第十一项规定的行政协议"。很显然案涉的土地承包经营权租赁合同属于行政协议应该包括的范畴。

该司法解释第四条规定："因行政协议的订立、履行、变更、终止等发生纠纷，公民、法人或者其他组织作为原告，以行政机关为被告提起行政诉讼的，人民法院应当依法受理。"直接主张案涉的土地承包经营权租赁合同违法比较合乎行政诉讼这一司法解释的精神。

对于赵某伟提出的"被上诉人采取行政强制措施应确认违法"，赵某伟这一诉请表述完全是基于普通公民对强制行为的朴素理解。在《行政强制法》中对行政强制措施和行政强制执行有着明确的区别，政府清除赵某伟的耕地上的种植物，显然是行政强制执行行为。因为赵某伟的误解，把这种行为概括为行政强制措施。

法院如果简单地处理，直接认定赵某伟的诉讼请求不存在，赵某伟显然是不能接受的。要让赵某伟懂得行政强制措施与行政强制执行在法律上的区别，进而要求其变更请求也不是件容易的事情。这里就存在一个加强法院诉讼请求释明力度或者要求行政诉讼案件在上诉或再审阶段必须聘请律师代理的制度建设问题。诉权的保护和诉权无节制的滥用如何平衡，是行政诉讼实践中一个急迫的问题，在上诉阶段以及再审阶段强制要求聘请律师代理案件，至少可以预防这样常识性的错误，这样的制度可以提高诉讼效率和案件审理的有效性。

不能正确地概括表达诉请，可能会出现法院依诉状诉请的行为合法性审查其实并非原告内心真实期待的行为合法性审查，这样的行政诉讼最终不能实质化解纠纷，达不到案结事了的效果。

赵某伟第三项请求：抚水源办发（2013）3号文件制定的退耕方式即"以租代征"不合法，一审对该文件未进行合法性审查错误。

赵某伟的这一项请求应该说是比较清楚的，也是比较合乎《行政诉讼法》以及法释〔2019〕17号司法解释相关规定的。

行政诉讼审查的是行政行为，本案中政府要求签订的土地承包经营权租赁合同的直接依据就是抚水源办发（2013）3号文件。《行政诉讼法》第五十三条规定："公民、法人或者其他组织认为行政行为所依据的国务院部门和地方人民政府及其部门制定的规范性文件不合法，在对行政行为提起诉讼时，可以一并请求对该规范性文件进行审查。"

赵某伟可以更简明地提出自己的请求，就是政府要求签订土地承包经营权租赁合同行政行为违法，并请求审查这一行为直接依据的合法性，也就是案件中的"抚水源办发（2013）3号文件"的合法性。由于对行政诉讼逻辑的不理解或不甚理解，提出了"以租代征不合法"之类的请求。案件中只有所谓的"租"哪来的"征"？这样的诉讼请求容易让人产生误解。事实上，几级法院的审理都没有聚焦这一文件的合法性审查，很难说与赵某伟的诉讼请求不完全合乎诉讼法以及司法解释的规定没有一定的关联性。

赵某伟的第四项请求：上诉人不存在抢种抢栽行为，被上诉人适用《辽宁省大伙房水源保护条例》第二十一条规定，毁青苗的行为违法。

赵某伟始终没有按照行政诉讼的逻辑来思考以及提出请求。赵某伟一直强调其不存在抢种抢栽的行为。其是否存在抢种抢栽的行为不是行政行为，法院审理的重点在于行政行为的合法性。他的所谓抢种抢栽最多属于行政行为事实是否清楚、证据是否确凿那部分的材料。行政诉讼的关键是要聚焦行政行为是否合法，因告状者对自己的诉讼请求并不十分明了，也就难怪案件经过多次审理都无法聚焦相应行为的合法性审查。

细心的读者可能会提出，以上有关原告诉讼请求的分析是基于对上诉请求反向解读来叙述的，不够精准，这一问题确实存在，我们主要的目的是通过该案诉讼请求具体解读、剖析诉讼请求相关法理，达到这一目的就可以了。

三、三级法院审理焦点变化的原因分析

（一）一审法院审理过程评析

一审法院认为：根据《水污染防治法》第七十三条的规定，国务院和省、自治区、直辖市人民政府根据水资源保护的需要，可以规定在饮用水水源保护区内，采取禁止或者限制使用含磷洗涤剂、化肥、农药以及限制种植养殖等措施。辽宁省人民政府根据上述法律规定的授权，于2014年9月26日制定并颁布了《辽宁省大伙房饮用水水源保护条例》，其中第十条明确规定，在一级保护区内，除准保护区、二级保护区内禁止的活动外，禁止从事网箱养殖、种植农作物。据此被告作出一级保护区内禁止耕种的行政命令，并向原告所在村通过张贴封区公告，拉横幅、发传单、逐户发放告知单的方式进行告知。原告未遵守被告禁止耕种的命令，到封区范围内抢栽抢种。被告依据《辽宁省大伙房饮用水水源保护条例》第二十一条的规定对原告承包地内的抢种青苗、树苗进行铲除，并无不当。因此，对原告要求确认被告强制铲除青苗的行为违法并赔偿的诉讼请求，不予支持。关于原告提出对抚顺市大伙房水源保护区管理办公室作出的《大伙房水源地一级保护区退耕工作实施方案》进行审查及要求被告依法征用土地的请求，因补偿标准与方案是否合理、合法，被告是否征用土地的问题不属本案的审查范围，因此对原告的该诉求不予支持。依照《行政诉讼法》第六十条的规定，判决驳回原告的诉讼请求。案件受理费50元由原告负担。

一审法院的审理思路很有意思，总体上看一审法院的审理属于补强政府行为类型的审理。其中有几点可以进一步分析。

1. 《辽宁省大伙房饮用水水源保护条例》属于地方性法规，不属于地方政府规章。一审法院认定《辽宁省大伙房饮用水水源保护条例》是辽宁省政府依据上位法制订的。通过搜索我们可以清楚地看到，这一条例是2014年9月26日辽宁省第十二届人民代表大会常务委员会第十二次会议通过的，属于地方性法规。《规章制定程序条例》第七条规定，规章的名称一般称"规定""办法"，但不得称"条例"。一审法院在说理部分出现的这一错误，一种可能是录入文字有误，另一种可能是裁判说理不够严谨，把这一地方性法规理解为地方性规章了。

在行政诉讼程序中，地方性法规与地方性规章的效力是不一样的。依据《行政诉讼法》的规定，人民法院审理行政案件以法律、法规为依据，人民法院审理行政案件，参照规章。

2. "被告作出一级保护区内禁止耕种的行政命令，并向原告所在村通过张贴封区公告，拉横幅、发传单、逐户发放告知单的方式进行告知。原告未遵守被告禁止耕种的命令，到封区范围内抢栽抢种。被告依据《辽宁省大伙房饮用水水源保护条例》第二十一条的规定对原告承包地内的抢种青苗、树苗进行铲除，并无不当。"

一审法院裁判文书中的这段说理文字，比较典型地反映了一部分行政审判背离行政审判宗旨，把行政行为合法性审理变成对行政行为的补强说理。

本案明显是有争议点的，法院却用极其简单的说理回避抹平这一争议，使得合法性审判流于形式。

法院说明了被告在一级保护区内发布禁止耕种的行政命令是有法律依据的，也就是依据上述《辽宁省大伙房饮用水水源保护条例》，应该说这一判断是没问题的。问题是原告获得的土地承包权难道没有法律依据吗？这么简单的问题，这么明显的争议法院不该作一下说理吗？原告并不是在冲突发生地被确定为一级水源地后跑去耕种、抢种，实际情况是原告在依法获得承包权后该地被确定为一级水源地的，《辽宁省大伙房饮用水水源保护条例》的规定使得正常的应该依法得到保护的土地承包权无法继续的情形下产生了适用法律的冲突。法院不去审查行政命令的合法性与适当性，直接得出被告依据《辽宁省大伙房饮用水水源保护条例》第二十一条的规定对原告承包地内的抢种青苗、树苗进行铲除并无不当。这样的裁判是很难让原告心服口服的，行政诉讼的基本功能也是难以实现的。

另外，还需实证第二十一条内容，看看被告的做法是否确实合乎二十一条的规定。第二十一条规定："环保、水行政等部门和饮用水水源管理单位、供水单位，应当按照各自职责建立巡查制度，组织对水源保护区、准保护区及相关设施进行巡查，并做好相关巡查记录。环保、水行政等部门对巡查中发现可能造成水源污染的行为应当及时制止，并依法处理。"依据二十一条的规定非常清楚地发现至少有两处值得注意的地方：一是主体是否适格问题；二是是否有明确的职权问题。

第二十一条规定的主体是环保、水行政等部门，本案被告是地方人民政府，依据这一条，很明显存在法律关系中地方政府行政主体不适格、不正确的问题。

在是否拥有法定职权问题上，第二十一条规定的是及时制止，并依法处理。及时制止、依法处理是很概要的规定。本案中铲除承包地内的青苗、树苗，这是一种很严格的处理手段，在《行政强制法》中属于行政强制执行。《行政强制法》对于强制执行有着严苛的程序规范和实体规范要求。非常明显，本案被告采取铲除这种强制执行方式，既没有相应的实体规范依据，也没有明确的程序规范依据。一审法院所谓的"并无不当"的裁判也许有其自身难处，但不合《行政诉讼法》理应是确定的。

3. 对于原告诉请对《大伙房水源地一级保护区退耕工作实施方案》附带审查的要求，一审法院认为：进行审查及要求被告依法征用土地的请求，因补偿标准与方案是否合理、合法，被告是否征用土地的问题不属本案的审查范围，因此对原告的该诉求不予支持。

对于这一请求，法院的处理如果是因为原告诉请的行为不明确，不存在依据这一方案产生的相关行政行为，因而也就无所谓附带规范性文件的合法性审查这一问题。这样的解释有点牵强。

本案存在着土地承包权收回与转租的行为，这一行为合乎行政协议认定的基本条件，是特殊的行政协议行为，这一行政协议行为正是基于《大伙房水源地一级保护区退耕工作实施方案》实施的行为。若是原告就这一行政协议合法性提起行政诉讼，并对这一协议的直接依据提起附带审查，一审法院是没有理由拒绝的。

由于原告缺乏行政诉讼的思路以及对规范性文件附带审查制度的一知半解，在诉请时地提出"以租代征"违法之类的请求，这让附带审查就没了基础。因为在本案中压根没有原告所谓的依法征用土地行为，因而法院认定被告是否征用土地的问题不属本案的审查范围，对原告的该诉求不予支持，这种解释貌似合乎《行政诉讼法》的基本法理，但这种不直面争议问题的做法，不利于纠纷的解决，肯定做不到案结事了。原告所谓的"以租代征"其实就是指案涉的强制性要求签订行政协议的行为。

（二）二审法院审理评析

二审法院的审理至少存在以下几个问题，需要进一步分析。

1. 二审法院关于争议焦点的概括不完全准确。二审法院把该案的争议焦点概括为"被上诉人作出的强制清理行为是否合法"。这一争议焦点是客观存在的、真实的。但上诉人诉请不仅集中在这一争议点上，存在其他争议焦点被忽略或被回避的情形。

和一审相比，二审多了些上诉人并无异议的、有关一级保护区认定的细节，以及进一步描述被上诉人作出禁止耕种的行政命令和告知相关命令的具体细节。这些细节属于并无争议的细节，相关内容对案件是有机的内容，但确实属于含争议量比较低的部分。对于原告依法拥有的土地承包经营权与行政命令强制要求转让承包权之间的争议，二审法院和一审法院一样，避而不谈。上诉人没能明确、准确概括表达这一核心争议，但这一核心争议的确是法院合法性审查最为重要的内容。不能因为上诉人承包地被确定为一级水源保护地，上诉人就必须交出自己依法获得的土地承包权。土地承包权是土地承包法确定的合法权益，非经法定程序是不能被收回的。

2009年第一次修订后的《农村土地承包法》规定了土地承包人的法定权利与义务。第十六条规定："承包方享有下列权利：（一）依法享有承包地使用、收益和土地承包经营权流转的权利，有权自主组织生产经营和处置产品；（二）承包地被依法征收、征用、占用的，有权依法获得相应的补偿；（三）法律、行政法规规定的其他权利。"第十七条规定："承包方承担下列义务：（一）维持土地的农业用途，不得用于非农建设；（二）依法保护和合理利用土地，不得给土地造成永久性损害；（三）法律、行政法规规定的其他义务。"不能因为地方性法规认定上诉人承包的土地属于一级水源地，政府在同意给予合理补偿的情形下，就理所当然认定政府要求上诉人必须交出土地承包权的行政命令行为就是合法的、有效的。

根据宪法的基本精神，如因公共利益的需要，无论是私有财产还是土地，可以进行征收或征用并给予补偿。本案中涉及的上诉人土地承包权属于私有财产的范畴，为了公共利益的需要完全可以依法征收或征用，而当地政府却采用强制集中统一转包的形式。这种行政行为是否合法、是否合理正是上诉人内心真实的困惑，只是上诉人没能正确地表达。上诉人没有按照行政诉讼的逻辑提出诉请，但上诉人确实提出了以租代征不合法的观点，这一观点是应该得到两级法院回应的，事实上，两级法院保持了沉默。

2. 二审法院"关于上诉人提出被上诉人对合法承包的土地未予达成补偿协议即强制清理违法的主张，因本案的审查客体是案涉地区封区后被上诉人对上诉人抢栽抢种进行的清理行为，与案涉土地因确定水源保护地后对土地承包经营权的补偿不是一个法律关系，不是本案审查范围，故对上诉人的该主张本院不予支持"的观点是值得商榷的。

本案明显存在两个行政行为，一个是土地承包协议问题，一个是强制铲除问题。如果法院坚持一行为一诉讼，应该在立案时予以释明或裁定不予立案。既然立案了，为什么避重就轻选择了强制清理的合法性问题？为什么不概括为案件的争议焦点为土地承包经营权租赁合同合法性问题呢？对上诉人来说，这一问题显然比强制清除行为合法性重要得多。法院这种选择性概括争议的做法不利于行政争议的实质性化解，根本不可能达到案结事了的效果。事实上，案件宣判后，当事人提出了再审申请就是有力的证明。

这种不以实质化解真实纠纷为目的，过度纠缠于行政诉讼的特定逻辑与话语范式的审理模式可能会使案情更加复杂化，这一点应该得到实务界的重视与思考。

3. 二审法院"关于上诉人提出一审未对规范性文件进行附带审查的主张，因该强制清理行为所依据的是省政府划定案涉地区为水源地一级区以及《辽宁省大伙房饮用水水源保护条例》的相关规定，与上诉人提请附带审查的规范性文件无直接关联，故对上诉人的该主张本院不予支持"观点，经不起法理拷问。

法院首先选择性概括案件争议焦点，有意忽略或带偏概括当事人的诉请，然后得出结论：案件的争议与上诉人提请附带审查的规范性文件无直接关联，故对上诉人的该主张本院不予支持。这样的逻辑与操作不能解决争议，有可能令当事人更加不满。这样处理案件的思路是有违司法伦理的，是不可取的。

正是基于抚水源办发（2013）3号文件，才产生了土地承包经营权租赁合同这种处理方式与行为，上诉人请求附带审查这一规范性文件完全合乎《行政诉讼法》第五十三条的规定，即"公民、法人或者其他组织认为行政行为所依据的国务院部门和地方人民政府及其部门制定的规范性文件不合法，在对行政行为提起诉讼时，可以一并请求对该规范性文件进行审查。"

如果不顾上诉人真实诉求，把上诉人诉请生硬地概括为强制清除行为，那与附带审查的文件之间确实如法院所说的没有直接关系了。案件这样处理，可以回避问题尽快结案，但明显违背了上诉人的真实诉求。本文不存在先验地认同上诉人主张的情形，只是不认同那些"不正视"甚至"回避"上诉人主张处理案件的方式。这样处理案件，上诉人一般是不会服判的，事实上，这样的二审程序对案件几乎无实质性帮助，上诉人最终选择了再审。

在这一案件中，并没有见到当事人提出什么荒诞的主张，为啥案件却经历这么复杂的过程呢？漫长的诉讼付出了大量的诉讼成本，却很难实现诉讼对纠纷解决产生的积极效果，这正是本案值得理论与实务工作认真思考的地方。

（三）再审法院审理评析

再审法院认为，《行政强制法》第十三条规定："行政强制执行由法律设定。法律没有规定行政机关强制执行的，作出行政决定的行政机关应当申请人民法院强制执行。"换言之，只有法律才能设定行政强制执行，行政法规、地方性法规和规章及规章以下的规范性文件均不得设定行政强制执行。本案中，抚顺市东洲区大伙房水源保护区管理办公室、东洲区章党镇人民政府向赵某伟作出告知单后，东洲区政府据此组织有关部门对赵某伟所种植农作物实施强制清理行为，属于行政强制执行。根据上述法律规定，《辽宁省大伙房饮用水水源保护条例》系辽宁省地方性法规，无权设定行政强制执行，东洲区政府实施强制清理行为，没有法律依据，超越法定职权。因此，一审、二审根据上述规定，认定东洲区政府具有实施强制清理的法定职权，属于适用法律错误。再审法院裁定：指令辽宁省高级人民法院再审本案。

1. 再审程序中，没有对被诉行为作全面的审查。赵某伟在自己承包土地上栽种农作物被强制铲除，这一行为显然分为两个层次。一是赵某伟对法定的土地承包权被收回不满意、不接受；二是栽种的农作物被强制铲除不接受。这是两个高度关联的行为，尽管两个行为之间存在时间上的先后顺序，但这两个行为是独立的，前一个行为是不能够被后一个行为所吸收与涵盖的。第一个行为的争议标的是土地承包权，第二个行为的争议标的是承包地上栽种物的清除；前一个行为是通过行政命令方式完成的，后一个行为是通过行政强制执行完成的。再审程序和一审、二审程序一样没有审查第一个行为的合法性，不同的是一审、二审程序中法院在作补强政府行政行为合法性的努力，强调当地政府为了保护水源地，依法有权采取相关措施。再审程序中未涉及前一个行为的合法性问题，对于第一个行为依据的规范性文件合法性没有审查。

2. 再审程序指出"一、二审认定东洲区政府具有实施强制清理的法定职权，属于适用法律错误"说理不够充分。再审程序中认定强制铲除抢种的农作物属于行政强制执行，这一认定完全合乎《行政强制法》的规定和本案的实际情况。问题是案件双方当事人对这一问题没有争议，再审认为《行政强制法》规定行政强制执行只能由法律设定，《辽宁省大伙房饮用水水源保护条例》系辽宁省地方性法规，无权设定行政强制执行，东洲区政府实施强制清理行为，没有法律依据，超越法定职权。这一点与案件同样没有太多的直接的关联，把案件法理聚焦到这一点上，明显有点牵强。

首先，《辽宁省大伙房饮用水水源保护条例》中没有规定地方政府可以强制铲除抢种农作物的情形，这一点可以查看条例的具体条文。该条例第二十一条第一款规定："环保、水行政等部门和饮用水水源管理单位、供水单位，应当按照各自职责建立巡查制度，组织对水源保护区、准保护区及相关设施进行巡查，并做好相关巡查记录。环保、水行政等部门对巡查中发现可能造成水源污染的行为应当及时制止，并依法处理。"第二十一条第二款规定："乡（镇）人民政府、街道办事处应当配合有关主管部门做好水源保护巡查工作,对违反本条例规定的行为应当及时制止,并向有关主管部门报告。"

第二十一条第二款明显与本案的案情无关,焦点集中在第二十一条第一款究竟有没有规定案涉的地方政府有权铲除抢种农作物。第一款条文非常清楚规定了对于巡查中发现可能造成水源污染的行为应当及时制止,并依法处理。无论一审、二审、再审都存在推定,认为这一款中的依法处理,就是案涉强制执行的合法性所在。这样理解过于片面了,依法处理并不是说政府可以采取任何手段,相反,依法处理应该理解为法律、法规、规章甚至文件中规定的政府以及政府部门可以采取的行为。

事实上,本案中政府强制铲除农作物的行为属于没有法律依据的行为。但本案中的确不存在地方性法规违背《行政强制法》设定强制执行的情况,再审程序中延伸出来这一说理,明显不合案件的实际情形。

除此之外,《行政诉讼法》第六十三条规定:"人民法院审理行政案件,以法律和行政法规、地方性法规为依据。"如果案涉的地方性法规果真有地方政府可以采取强制执行的规定,人民法院审理案件直接审查地方性法规的这一规定的合法性也未必合适。《行政诉讼法》明确规定地方性法规在行政审理中的效力是"依据",法院若认为地方性法规相关规定合法性有问题,按照《立法法》的规定,提请全国人大常委会进行合法性审查比较合适,本案再审程序中法院直接认定地方性法规违背《行政强制法》有关强制执行的规定,法理依据明显不足。

案例 12

刘某贵诉阜宁县政府、阜宁县国土局、阜宁县住建局城建案[*]

本案涉及的当事人数量众多，相应的法律关系复杂，为了便于说理，首先简要介绍一下各当事人在不同法律关系中的角色以及涉及的相关行政行为。

江苏省政府：涉及批准征地行为，2010年5月31日作出了《关于批准阜宁县2010年度第1批次城镇建设用地的通知》（苏政地〔2010〕245号），2010年6月10日作出了《关于批准阜宁县2010年度第2批次城镇建设用地的通知》（苏政地〔2010〕271号）。

阜宁县城市资产经营公司、阜宁县安居房屋拆迁有限公司：2009年12月24日，阜宁县城市资产经营公司送达拆迁通知书，载明：按照政策规定，你户（单位）必须从2009年11月25日至2009年12月5日10天内搬迁让房，奖惩办法按有关规定执行，请认真做好搬迁工作。阜宁县安居房屋拆迁有限公司（以下简称"安居拆迁公司"）受阜宁县城市资产经营公司（以下简称"城市资产公司"）委托，于2009年12月6日组织实施了对刘某贵位于江苏省阜宁县阜城镇崔湾村房屋的拆除。

---

[*] 本文涉及案件访问路径 https：//wenshu.court.gov.cn/website/wenshu/181107ANFZ0BXSK4/index.html? docId=7178f76d343f4740a27ba9180110126c。

案例 12
刘某贵诉阜宁县政府、阜宁县国土局、阜宁县住建局城建案

阜城镇崔湾社区：崔湾居委会协助安居拆迁公司具体组织实施了对刘某贵房屋的拆除。未能给付刘某贵土地补偿费，还包括安置补助费和青苗费等补偿费用。

阜宁县国土资源局：作出《阜宁县国土资源局国有建设用地使用权挂牌出让公告》（阜告字〔2010〕10号，以下简称10号公告），作出关于注销土地登记的公告。

阜宁县人民检察院：刘某贵诉称2009年12月6日阜宁县住房建设局副局长邓某亚带着一帮人毁坏刘某贵、严某爱房屋等财产，刘某贵向阜宁县人民检察院控告邓某亚等人犯罪行为，阜宁县人民检察院一直未有回音。故刘某贵请求判令阜宁县人民检察院依法履行法定职责。

阜宁县公安局：对刘某贵作出5天行政拘留的处罚。2013年10月21日至2013年10月27日期间，原告刘某贵与邵某珍、严某安等人，先后三次到北京市中南海、天安门等地区上访，均被北京警方送至久敬庄接济中心。2013年10月31日，阜宁县公安局以刘某贵到中南海、天安门地区非法上访，其行为已构成扰乱公共场所秩序为由，作出阜公（治）行罚决字〔2013〕2583号行政处罚决定书，决定对原告行政拘留5日。

阜宁县人民政府：阜宁县人民政府向江苏省鹏鼎置业有限公司发放了国有土地使用证，刘某贵诉称阜宁县政府未向公众公布征地公告。阜宁县住房和城乡建设局于2009年11月20日作出拆迁许可证。邓某亚，住建局副局长，案发时任拆迁办主任，带人对房屋进行强拆。

刘某贵：原阜城镇崔湾村1组村民，拥有位于阜城镇崔湾村1组境内123.60平方米的土地使用权，该房屋于2009年12月6日被强制拆除，本案的一系列纠纷就是围绕这一房屋强制拆除展开的。

一、刘某贵多起维权诉讼活动梳理

刘某贵在没有得到安置补偿的情形下，房屋被强制拆除，于是开始了

一系列的诉讼行动，其中包括近二十起诉讼以及多次上访行动，不深入了解案情很难想象该案会引出二十多起诉讼案件，为了理解的方便，首先大致梳理一下刘某贵提起诉讼的种种情形。

第一，刘某贵诉拆除房屋的阜宁县城市资产经营公司、阜宁县安居房屋拆迁有限公司、阜城镇崔湾社区三家民事侵权，案件历经一审［（2015）阜民诉初字第00004号民事裁定］和二审［（2015）盐民诉终字第00035号］一下弄出了两个诉讼案件，不过两个诉讼案件没能解决任何问题，法院以本案不属于民事纠纷为由不予受理。

第二，刘某贵提起刑事诉讼。试图以故意毁坏公私财物犯罪追究相关公职人员刑事责任。客观上讲这一招够狠的，但是刘某贵的预期很快就落空了。追究刑事责任需要公安机关、检察院行使相关职权，刘某贵无法让公安机关和检察院按照自己的意图开展立案，对于这样的局面，刘某贵心有不甘，他提起诉讼，请求检察院依法追究强拆人员的责任。对法律的误解以及对自己权利的执拗坚持，还有可能是内心一种没有言说的信念——只要坚持闹下去肯定不会亏的。这一点在一起民事赔偿案件中他提出了多项不合理的费用就是一种印证。检察院不作为的诉请没能得到法院的支持，一审［（2014）阜行诉初字第0002号行政裁定］以及二审［（2014）盐行诉终字第0021号］均表明，法律不会因为当事人执拗就改变相关规定，到最后刘某贵似乎也明白了这个案件依靠刑事立案来解决似乎是不可能的。

第三，在公诉案件走不通后，刘某贵提起自诉案件，希望利用这一程序把拆除房子的人送进监狱。结果法院以自诉时未能提供证明相关人犯罪事实的证据为由把他挡了回去，案件历经一审［阜宁县人民法院（2016）苏0923刑初152号刑事裁定］、二审［江苏省盐城市中级人民法院（2016）苏09刑终246号刑事裁定］、再审［江苏省高级人民法院（2017）苏刑申213号］一圈下来，自诉这条路也没能走通。

第四，进行大量诉讼的同时，刘某贵没有放弃上访之路。他采取的是

案例 12
刘某贵诉阜宁县政府、阜宁县国土局、阜宁县住建局城建案

去北京上访，结果去了三次都被带回来了，公安机关还给了他 5 天行政拘留的行政处罚。刘某贵上访不成还被拘留，他对行政处罚又提起了行政诉讼，这个行政处罚诉讼法院依法受理了，但结果是刘某贵败诉。刘某贵在不服行政处罚行为的一审［阜宁县人民法院（2014）阜行初字第 0003 号行政判决］、二审［江苏省盐城市中级人民法院行政判决书（2014）盐行终字第 0102 号］以及再审［江苏省高级人民法院（2015）苏行监字第 00469 号］程序中都败诉了，一个循环，终究没能扳回上访不成反被行政处罚这一局。

第五，回归行政诉讼。在经历侵权之诉走不通、公诉及自诉刑事之路走不通、上访还被拘留之后，刘某贵以阜宁县县政府、阜宁县国土资源局、阜宁县住建局为被告提起行政诉讼，结果在一审［盐城市中级人民法院（2015）盐行初字第 00070 号行政裁定］以及二审［江苏省高级人民法院（2016）苏行终 451 号行政裁定］程序中都被以无初步证明材料证明被告实施了强制拆除或委托拆除的行为不予立案。

刘某贵知道阜宁县城市资产经营公司、阜宁县安居房屋拆迁有限公司、阜城镇崔湾社区这三家不是行政机关，明显不能成为提起行政诉讼的被告，他们的行为应该是受阜宁县县政府、阜宁县国土资源局、阜宁县住建局委托，法院裁定不予立案，刘某贵似乎真的没有什么办法了，能打的官司都被他打了，在没有获得相应补偿的情形下，房屋被强制拆除了这是基本事实，怎么就不能通过诉讼讨个说法呢？其中的法理显然已经超出刘某贵的认知范围。

第六，在起诉强制拆除行为违法无法立案时，刘某贵提起主张土地补偿费、安置费、青苗费、过渡费、误工费等费用的诉讼，这一诉讼历经一审［阜宁县人民法院（2016）苏 0923 民初 6218 号民事裁定］以及二审［盐城市中级人民法院（2018）苏 09 民终 1996 号民事裁定书］诉讼。起诉被一审法院驳回，尽管这一诉请的部分费用不尽合理，存在部分主张的费用没有法律依据的情形，但其中大部分费用项目刘某贵是可以主张的，

一审法院完全驳回了刘某贵的诉讼请求于法无据，一审判决被二审法院撤销并指令一审法院重审。

第七，对国土局注销土地证及其公告行为提起行政诉讼。刘某贵对国土资源局的注销土地证公告提起诉讼，该诉讼历经一审［阜宁县人民法院（2016）苏0923行初3号行政裁定］和二审［盐城市中级人民法院（2016）苏09行终176号行政裁定书］，刘某贵最终还是完败。

第八，起诉省政府征地决定。如果推翻了省政府的征地决定，一切问题就迎刃而解了。这一诉讼经过一审［盐城市中级人民法院（2014）盐行诉初字第0002号行政裁定］、二审［江苏省高级人民法院（2014）苏行诉终字第0079号行政裁定书］，刘某贵最终未能如愿。

在未达成补偿协议房屋被强制拆除之后，刘某贵前前后后打了近二十个官司，但对于房屋被强拆及其补偿的争议一直都未能进入实体的审查。让刘某贵松了一口气的是，最高人民法院的行政裁定书［（2017）最高法行申1337号］裁定：一、本案由本院提审；二、提审期间，中止原裁定的执行，还算最终给了刘某贵一个说法。

二、对案件涉及的几个问题的分析

刘某贵就不同标的提起了近二十起诉讼，这些诉讼大致分为强拆纠纷、补偿纠纷、行政处罚纠纷、刑事纠纷、侵权纠纷几类。下面针对这些争议所涉及的法律问题作进一步分析。

（一）上访行政处罚管辖权分析

刘某贵2013年10月21日至2013年10月27日期间，与邵某珍、严某安等人，先后三次到北京市中南海、天安门等地区进行上访，均被北京警方送至久敬庄接济中心。2013年10月31日，阜宁县公安局以刘某贵到中南海、天安门地区非法上访，其行为已构成扰乱公共场所秩序为由，作

案例 12
刘某贵诉阜宁县政府、阜宁县国土局、阜宁县住建局城建案

出阜公（治）行罚决字〔2013〕2583号行政处罚决定书，决定对原告行政拘留5日。

其中有一个法律问题就是行政处罚管辖权问题。刘某贵抗辩说，其上访行为事发地是北京，其违法行为应由北京公安机关进行处罚，被申请人阜宁县公安局无权对其进行行政处罚。《行政处罚法》（2017年修订）第二十条规定：行政处罚由违法行为发生地的县级以上地方人民政府具有行政处罚权的行政机关管辖。从这一条规定看阜宁县公安局好像没有管辖权。但是理解法律是不能断章取义的，不能只选取对自己有利的条文。这一条规定还有后半句话，对于理解治安处罚案件管辖却是至关重要的，后半部分为："法律、行政法规另有规定的除外。"因为对于治安处罚案件管辖，《治安管理处罚法》第七条已经作出明确的规定："国务院公安部门负责全国的治安管理工作。县级以上地方各级人民政府公安机关负责本行政区域内的治安管理工作。治安案件的管辖由国务院公安部门规定。"第七条第二款实际上就是授权，治安案件管辖由公安部具体规定。这也是法律中的特别法优于一般法原则的体现。

公安部《公安机关办理行政案件程序规定》第十条规定："行政案件由违法行为地的公安机关管辖。由违法行为人居住地公安机关管辖更为适宜的，可以由违法行为人居住地公安机关管辖。"对于非法进京上访治安处罚案件可以由违法行为地北京警方处罚，也可以由上访人员居住地公安部门处罚。实践中这类案件几乎都是由居住地公安机关处罚的。

当然会有质疑，为什么非法上访案件由居住地公安机关管辖更为适宜呢？北京西城区公安局可以对相对人进行治安处罚，这类案件由居住地通常是指户籍地公安机关管辖比较适宜。主要原因是去北京那几个敏感地段非法上访的相对人数量较大，如果这类案件都由北京西城公安局处罚，那大量案件将使得西城区公安机关不堪重负。如果案件由北京西城区公安局处罚了，后续的行政诉讼也会带来案件过于集中的难题。我国的行政诉讼一般的管辖规定为被告所在地法院管辖的原则。这样一来，此类行政诉讼

案件都集中到北京四中院了，北京四中院不可能完成数量如此巨大的行政案件审理。

这样的案件分散到相关非法上访人员居住地处理是比较合适的。对于非法上访人员，居住地公安机关对其自然情况及其案件争议的情形往往比较熟知，由居住地公安部门处罚比较合乎行政管理的基本原则，具有低成本高效率的特点。

刘某贵不服行政处罚案经历了一审、二审到再审三个阶段，最后也没能改变由户籍地公安机关给予治安处罚的合法性。

"刘某贵们"所主张的"只有北京西城区公安机关有权对案件进行处理"并非完全没有法理基础，对于这种因到北京违法上访被行政处罚的案件当事人，很多都持有这一主张。他们这一主张主要是看到了立法上确实存在的一个漏洞。

一般情况下，法律实施需要遵循"上位法优于下位法"的原则，在《行政处罚法》中规定的是"行政处罚由违法行为发生地的县级以上地方人民政府具有行政处罚权的行政机关管辖，法律、行政法规另有规定的除外"，而案涉"可以由行为人居住地公安机关管辖"出自公安部的《公安机关办理行政案件程序规定》第九条，公安机关办理行政案件程序规定属于部门规章，部门规章的法律效力显然同上位法《行政处罚法》规定不一致，《行政处罚法》中规定的例外范畴是"法律、行政法规另有规定的除外"，显然不包括部门规章例外的情形。刘某贵以及和刘某贵有类似情形的上访人群，我们暂且称之为"刘某贵们"正是注意到了这一法理冲突并且抓住这一点不放，坚持认为居住地的公安机关对他们的行政处罚没有管辖权。

在这类案件中，主审法官要让当事人信服"居住地公安机关有权作出行政处罚"真不是件容易的事，一般情况下法官会回避这一争议，用一句内涵丰富的"公安机关的处理并无不妥"模糊处理。

2021年新修订的《行政处罚法》第二十二条规定："行政处罚由违法

案例 12
刘某贵诉阜宁县政府、阜宁县国土局、阜宁县住建局城建案

行为发生地的行政机关管辖。法律、行政法规、部门规章另有规定的,从其规定。"这一修改明确了把部门规章增补到另有规定从其规定的范围内,这样公安部规章关于"可以由行为人居住地公安机关管辖"规定就具有了充分的法理基础,至此以后,违法上访当事人居住地的公安机关有权对违法上访行为进行治安处罚将不再有什么法理争议了。

(二) 对刘某贵试图以民事侵权纠纷进行救济的分析

通常情况下,房屋征收、土地征收案件都会被归入行政案件处理。但吊诡的是,在这个案子中,相关行政机关隐身了,冲在前面的就是两个具有官方色彩的公司——阜宁县城市资产经营公司、阜宁县安居房屋拆迁有限公司。如果没有相关行政机关的意志在其中起作用,就是这两个公司拆除了涉案的房屋,这个作为民事侵权案件应该不会有多少争议的。

这两个公司不同于一般的公司,这两个公司成立本身就是服务于征地拆迁具体工作的,具有明确的行政管理目的。刘某贵看得很清楚,所以在起诉的时候,刘某贵提出请求:要求被告阜宁县城市资产经营公司提供2009年12月6日前的合法拆迁许可证,提供申领房屋拆迁许可证、建设项目批文、建设规划许可证、国有土地使用权证、拆迁计划和拆迁方案、拆迁安置补偿安置资金证明。如果阜宁县城市资产经营公司未能提供上述证据,请求确认民事行为违法。

从案情梳理来看,两公司拆除房屋的时候是没有拆迁许可证的,相关手续是事后补的。刘某贵抓住了这一点,你阜宁县城市资产经营公司无法提供相关的合法有效手续,不能证明你行为的正当性,就可以推定为是你公司的私人行为,是一种民事行为,因而就可以提起民事侵权之诉和追究相关人员刑事责任。

这里刘某贵存在误解,他误以为一个行政行为如果没有充足的法律依据,就可以当作民事行为处理,这也正是他提起民事侵权的基本逻辑。刘某贵简单地以为行政行为都是合法的,如果不合法特别是本案中的强拆行

为，只要拿不出拆迁许可证就是一种民事行为。实际上，行政行为法理要求每一个行政行为应该合法合理且需要遵循程序正当的原则，实践中，行政行为有时候存在不合法、不合理的情形。一个行政行为可能没有法律依据，违背依法行政要求，正常的逻辑是通过正当的救济程序来判定这一行为是不是合法，如果不合法，可能撤销或确认违法或无效，给当事人造成损失的，依法予以赔偿。

判断一个行为是不是行政行为首先可以从主体来看，这是最简单的判断方法，行政行为要求法律关系中一方为行政主体，一般情况下，行政行为是要式行为，行政主体通常会显现在相关法律文书中，行政主体地位很清晰。本案属于特殊情形，行政行为以强制撤除行动的方式完成，相关撤除催告通知书主体是由一个政府组建的公司来完成的，无法直接判断行政行为的主体是哪个行政机关。在这种情形下，无法从主体的角度来直接判断行为的行政管理属性，我们需要从这一行为所追求的利益与意志综合判断。

本案中，刘某贵的房屋被强拆很明显属于行政行为，尽管本案政府征地强拆行为存在违法的情形，比如存在先征后批以及未完成依法补偿的情形下强拆房屋的情况，但强制拆房行为追求的利益从属于行政管理目的需要，尽管手续不完整但是能清楚地判断以下两个方面：第一，拆除刘某贵的房屋不是个别行为，这样的征地行动涉及刘某贵所在村的近百户人家，在注销土地登记名单附表中（95户），刘某贵为第61户。第二，强拆行动尽管存在程序违法的情形，最明显的就是没有依法走完补偿程序，但还是存在一系列正式程序的，这些程序足以让人识别这是一个行政行为而非民事侵权纠纷。比如产权登记程序、注销公告程序、拆除催告程序等。

正因为如此，刘某贵以民事侵权为由提起诉讼没能得到法院的支持。一审法院认为，根据国家有关城市房屋拆迁管理的规定，拆迁当事人未达成安置补偿协议的，应当申请拆迁管理机关作出裁决，拆迁当事人对裁决不服的，应当作为行政案件受理，拆迁当事人既未达成安置补偿协议又未经裁决而直接向法院提起诉讼的，人民法院不予受理。二审、再审法院认为一审法院认定该案不属于民事案件的受案范围并无不当。

（三）对刘某贵尝试以刑事案件解决案涉纠纷的分析

无论是公诉还是自诉案件，刘某贵所追求的是套用《刑法》的相关规定达到自己的目的。《刑法》第二百七十五条规定："故意毁坏公私财物，数额较大或者有其他严重情节的，判处三年以下有期徒刑、拘役或者罚金。故意毁坏公私财物，数额巨大或者有其他特别严重情节的，判处三年以上七年以下有期徒刑。"《刑法》第三十六条第一款规定："由于犯罪行为而使被害人遭受经济损失的，对犯罪分子除了依法给予刑事处罚外，并应根据情况判处赔偿经济损失。"

在试图启动公诉程序过程中，检察院对于刘某贵的控告一直没有具体行动，针对这一情况，刘某贵起诉检察院不作为。针对这一起诉法院审理认为：刘某贵、严某爱要求阜宁县人民检察院履行的是《刑事诉讼法》第一百零八条规定的司法职责，而非行政管理职能，刘某贵、严某爱所诉事项不属于人民法院行政诉讼受案范围，本案不符合法律规定的起诉条件，根据《行政诉讼法》第四十九条第一款第四项、第五十一条第二款的规定，该院裁定：对刘某贵、严某爱的起诉不予立案。

在期待检察院提起公诉的尝试不成功后，刘某贵试图提起自诉，以顾某东、邓某亚在拆迁工作中强行拆除他的房屋，构成故意毁坏财物罪提起自诉。一审、二审以及再审法院的思路是，根据《最高人民法院关于适用〈中华人民共和国刑事诉讼法〉的解释》第二百五十九条规定，人民法院受理自诉案件必须有明确的被告人、具体的诉讼请求和证明被告人犯罪事实的证据。第二百六十三条第二款第（二）项规定，对自诉案件缺乏罪证的，应当说服自诉人撤回起诉；自诉人不撤回起诉的，裁定不予受理。法院经审查认为，刘某贵自诉时未能提供证明相关人犯罪事实的证据。最终裁定不予受理。

无论是期待公诉还是尝试自诉，法院都给出了相应的不支持刘某贵请求的法律依据。对于"要求阜宁县人民检察院履行的是《刑事诉讼法》第一百零八条规定的司法职责，而非行政管理职能，刘某贵、严某爱所诉事项不属于人民法院行政诉讼受案范围，本案不符合法律规定的起诉条件"。

对于自诉不予受理的理由可能会让刘某贵产生一种强烈的对抗情绪，强化他的一种偏见，这种偏见就是先验地认为在强拆房屋这一问题上，法院已经失去了独立性、公正性，事先同行政机关站到一条战壕里了。为什么这么说呢？法院认定刘某贵自诉时未能提供证明相关人犯罪事实的证据。房子被强拆了是基本事实，强拆房子的人也承认是被他们拆掉的，法院给出的不予立案的理由应该是一种对相应法律关系的误读，存在着一定的法律风险。

对于刘某贵试图走刑事立案的尝试法院的处理结果是能接受的，但法院的说明理由还是不够充分，部分说理不明的情形还可能会产生歧义与误解。即便案件没有进入实体审理，基本理由阐明与分析也是必须的，否则无法起到及时化解纠纷的目的。本案的关键需要向刘某贵阐明，故意毁坏他人财物构成犯罪的客体是公私财物的所有权，在房屋以及土地征收纠纷中，在经历一系列程序后，比如产权登记、注销登记、补偿等程序，相关当事人的财产已经转化为拆迁利益，已经不再属于法律保护的私有财产的范畴，对于其中征收程序存在重大的违法情形，法律规定了诉讼赔偿制度。现行相关法律规定不支持未经当事人同意不得征收私人财产的理解，法律规定基本精神为公共利益优先，为了公共利益需要可以对相关的公私财物进行征收。也就是说本案中拆除的房屋已经不再是刘某贵脑中理解的私人财产，因而对其房屋的强制拆除根本不存在什么故意毁坏他人财物构成犯罪问题。

（四）对刘某贵状告省政府诉求的分析

刘某贵在维权中，对征地的不同环节提出了不同的诉讼请求，在梳理了案情后，刘某贵等几个人认为江苏省政府批准征地行为是后续一系列行为的基础，如果能把批准征地行为起诉到法院，就能彻底推翻整个征地工作的合法性，则自己的相关利益问题也就迎刃而解了。刘某贵等人的思路应该是即便不能告倒省政府的征地决定，也会给当地政府形成一种事实上的压力。

问题是他们告省政府什么呢？最后他们把诉请概括为依法确认江苏省人民政府 2010 年 5 月 31 日作出的《关于批准阜宁县 2010 年度第 1 批次城镇建设用地的通知》（苏政地〔2010〕245 号）及 2010 年 6 月 10 日作出的《关于批准阜宁县 2010 年度第 2 批次城镇建设用地的通知》（苏政地〔2010〕271 号）与刘某贵、严某爱、严某安、韩某有直接利害关系部分无效，并依法撤销等。最终法院以该批准征地行为属于法律规定由行政机关最终裁决的具体行政行为为由不予受理。

在这一诉讼中，刘某贵等人诉江苏省政府批准征地行为部分无效，也就是直接关系到他们几个利益的部分无效。这里"刘某贵们"犯了一个基本的错误，他们误以为省政府批准征地需要和他们达成一致才可以征地。事实上，政府的征地补偿行为通常需要和当事人商谈达成一致意见，如若不能达成意见再走裁决程序，也就是说协商、商谈是前置程序。但是省政府的行为是土地征收决定，并没有征求意见的前置条件，在目前的法律制度条件下，省政府批准征地行为不在可诉的范围之内。

一般意义上说，政府的行为都应该置于诉讼的监督之下，这也是司法终极性原则的一般要求，但当下在效率与公平价值平衡中，《土地管理法》等法律确立的是效率优先的原则，《行政复议法》第三十条第二款规定省人民政府征用土地的决定为最终裁决，是不可以提起诉讼的。

在上诉中刘某贵等人提出：原审法院认定事实不清，适用法律不当，本案是省级地方人民政府征地的通知，不是全国人民代表大会制定的规范性文件，不是国务院依照法律规定作出的最终裁决。本案涉及的法律关系超出了刘某贵等人的理解能力。本案根本不涉及什么规范性文件的问题，刘某贵等人误以为"批准建设用地的通知"就是规范性文件，并且认为不是全国人大制定的规范性文件应该是可诉的。规范性文件的形式可以叫通知，但并非所有的通知都是规范性文件，本案诉争的通知就是一个典型的具体行政行为。要让一个农民搞清楚抽象行为、具体行为的差异不是一件很容易的事情，最后江苏省高院没有直接回应刘某贵等有关规范性文件问题的辩解，直接阐明征地决定属于法律规定的终裁行为，不可诉，裁定不予立案。

有一种观点提出上诉案件需要聘请代理律师，从本案情况来看，此言不虚，在行政诉讼一般只收取 50 元案件受理费的情形下，区分行使正常的上诉权和滥用上诉权真不是一件容易的事情。

（五）对刘某贵诉阜宁县人民政府、阜宁县国土资源局、阜宁县住房和城乡建设局行政强制案的分析

刘某贵诉被申请人阜宁县人民政府（以下简称阜宁县政府）、阜宁县国土资源局（以下简称阜宁县国土局）、阜宁县住房和城乡建设局（以下简称阜宁县住建局）城建行政强制一案，江苏省盐城市中级人民法院于 2016 年 2 月 16 日作出（2015）盐行初字第 00070 号行政裁定，驳回刘某贵的起诉。刘某贵不服提起上诉后，江苏省高级人民法院于 2016 年 12 月 8 日作出（2016）苏行终 451 号行政裁定，驳回上诉，维持一审裁定。

一审法院认为，根据《行政诉讼法》第四十九条第三项之规定，提起行政诉讼应当有具体的诉讼请求和事实根据。刘某贵起诉要求确认阜宁县政府、阜宁县国土局、阜宁县住建局共同拆除其房屋违法，应当有具体的事实根据。刘某贵在起诉状中陈述是城市资产公司、安居拆迁公司、阜宁县阜城街道办事处崔湾居民委员会（以下简称崔湾居委会）具体组织实施了对其房屋的拆除。刘某贵还陈述阜宁县政府未向公众公布征地公告，阜宁县国土局注销其集体土地使用权证，阜宁县住建局对违法拆迁行为不管不问。刘某贵的上述事实陈述，均不属于阜宁县政府、阜宁县国土局、阜

宁县住建局强制拆除刘某贵房屋的事实根据。另外，根据《最高人民法院关于行政诉讼证据若干问题的规定》第四条第一款的规定，公民、法人或者其他组织向人民法院起诉时，应当提供其符合起诉条件的相应的证据材料。刘某贵提交的10号《公告》、注销土地登记的公告，均明显与阜宁县政府、阜宁县国土局、阜宁县住建局是否强制拆除或委托强制拆除刘某贵房屋的事实，不具有关联性。故刘某贵起诉要求确认阜宁县政府、阜宁县国土局、阜宁县住建局共同拆除其房屋违法，未提供证明其符合起诉条件的初步证据，其起诉缺乏事实根据。因此，一审法院依据《行政诉讼法》第四十九条第三项、《最高人民法院关于适用〈中华人民共和国行政诉讼法〉若干问题的解释》第三条第一项之规定，裁定驳回刘某贵的起诉。

一审裁定基于诉讼法的相关规定，裁定驳回刘某贵的起诉应该说完全合乎《行政诉讼法》的相关规定。

刘某贵无法厘清行政诉讼法律关系，他家的房子在没有达成补偿协议，在未得到相关补偿的情形下被强拆，他是觉得很委屈的，但这不代表他的诉请就能得到法院的支持。《行政诉讼法》要求原告以行政诉讼的逻辑提出诉请，方便法院对诉争的行政行为合法性进行判断。

他这一案件涉及土地征收、土地权证的回收与注销、征收补偿协议、房屋拆除行为。行政诉讼要求原告明确所起诉的行政行为，行政行为理论、行政诉讼理论对于刘某贵来说，相关的法理完全超出了他的朴素理解，在没有专业律师介入的情形下，整个案件的处理要得到刘某贵基本认可几乎是不可想象的。

行政诉讼一般要求是一行为一诉讼，刘某贵诉请确认阜宁县政府、阜宁县国土局、阜宁县住建局几被告的行政强制行为违法。正常情况下法律不会规定这几个行政机关行使同一个强制执行的权力与义务。假定在案涉的行政强制中，出现了这些机构的工作人员，也不能简单就认定强制行为就是由这几个行政机关联合作出的，判断行政行为最为重要的是依职权判断，行政职能的存在是判断基本尺度，在此基础上综合考虑行为所追求的利益归属、执行中相关的参与人员，等等。因此，刘某贵不加区别地状告这几个机关，在没有明确的相关事实依据的情形下，法院裁定不予受理完全合乎行政诉讼起诉条件的相关法理。

二审法院认为刘某贵所称的阜宁县国土局注销其集体土地使用权证，阜宁县住建局核发房屋拆迁许可证及对违法拆迁行为不管不问等，均不是阜宁县政府、阜宁县国土局、阜宁县住建局强制拆除其房屋的事实根据。一审裁定以刘某贵起诉要求确认阜宁县政府、阜宁县国土局、阜宁县住建局共同拆除其房屋违法，未提供证明其符合起诉条件的初步证据，其起诉缺乏事实根据为由，驳回刘某贵的起诉并无不当。二审法院裁定驳回上诉，维持一审裁定。

一审法院、二审法院对案件的审理合乎法律的相关规定，法律适用与说理清楚明确。问题是刘某贵的房屋在未达成补偿协议以及未得到任何补偿的情况下被拆除了，这是案件的基本事实。也就是说，刘某贵的诉请尽管不合《行政诉讼法》的一般规定，但刘某贵的诉请有相当大的合自然法的属性，裁定驳回起诉不会最终化解纠纷。解决行政争议是行政诉讼的基本目的之一。一审、二审对案件的处理是合乎法律规范的选择，但确是相对消极的解决纠纷之道。

在最高人民法院再审中，法官积极化解纠纷，对案涉问题提出了创造性的思路。

最高人民法院认为，案涉刘某贵的合法房屋无论是何主体实施的强制拆除，均系农村集体土地征收过程中对合法建筑的拆除，宜首先推定系征收实施主体实施或者委托实施的拆除行为，而不应认定为民事主体等实施的拆除。因为现行集体土地征收制度的本质是国家基于公共利益需要实施征收，并由国家依法进行补偿，整个过程均系行政权行使的过程。

相关法律规范表明，在当地市、县人民政府未对补偿安置主体有特殊规定的情况下，拆除征收范围内合法建筑的行政职权归属于土地行政主管部门。职权之所在，即义务之所在，也即责任之所在。实施强制拆除既是土地行政主管部门必须行使的法定职权，也是其必须履行的法定义务，更是其应尽的责任；在法律没有相应授权性规范的前提下，土地行政主管部门无权将法律已经明确规定的行政强制职权再行赋予其他主体行使。

总而言之，在经依法批准的征地过程中，因合法房屋被强制拆除引发的行政案件，土地行政主管部门应当首先被推定为适格被告；除非有相反证据或者生效裁判足以推翻上述认定。

一审、二审法院以刘某贵未能提供证据证明阜宁县政府、阜宁县住建局、阜宁县国土局实施了强制拆除行为因而分别裁定驳回起诉和上诉，属于认定事实不清，适用法律错误。最高人民法院最终裁定提审本案。

在该案一审、二审程序中法官依法裁判，相应的说理也合乎法理规定，但案涉的问题没能得到任何解决，属于典型的程序空转。相比较而言，最高人民法院的裁定与说理则明显有更大的格局、更广阔的视野和更深厚的法理基础。梳理这一案件的处理历程，能让我们充分感知行政诉讼"审理难"，细品最高人民法院最终对这一案件的裁判，能让我们品味出能动司法、司法为民的行政法理。

后　记

本书选取的行政法方面的案例都是独立的，各个案例之间没有法理或逻辑上的关联，每个案例蕴含独特且丰富的行政法理。这些法理有些被案件当事人及其代理人所阐述与坚持，有些被主审法官在案件审理中把握与叙述，有些由本书作者来呈现与展示，还有些静待法律人去阅读、去感悟。

个案的生成是偶然的，案件一旦生成，其中的法理便成了一种客观真实。本书运用法律诊所常用的复盘分析法去评析、梳理、感悟、展示个案中的那份独特法理。本书对案例法理把握、展示不求面面俱到，期待能把握、呈现案例法理的独特之处。

书中案例有的经历了一审、二审、再审诉讼程序；有的案件经历了民事诉讼程序、刑事诉讼程序、行政诉讼程序，对相关案例的这种复杂的情形，本书力求呈现相关案件的完整形态和过程。

案例阅读请您保持一种多元的视角，在一些案例中，初审法官对案件法理的理解与呈现是合乎当时的法律规范的，而二审或再审法官却作了不同的选择，这种变化不是由于法官对法理把握不当引发的，而是由于法官对诉讼目的的不同理解造成的，阅读文书过程中若能感悟到这种法理变化，是非常愉悦的体验。

案例阅读请您保持一种开放的视角，这样阅读会收获更多。有的案件因原告撤诉而结案，案中丰富的法理需要我们去想象，如果案件能继续下去，可能会是一种怎样的情形。富有想象力的阅读更加精彩。

一案一乾坤。让我们耐心阅读每一个案例，感受阅读与思考带来的那份愉悦吧！